DIDÁCTICA DE LA PARTICIPACIÓN

Teoría, metodología y práctica

Víctor J. Ventosa

 **narcea**

Dados Internacionais de Catalogação na Publicação (CIP)
(Câmara Brasileira do Livro, SP, Brasil)

Ventosa, Víctor J.
 Didáctica de la participación : teoría, metodología y práctica / Víctor J. Ventosa. -- São Paulo : Cortez ; Madri : Narcea, 2016.

 ISBN 978-85-249-2480-4 (Cortez)
 ISBN 978-85-277-2152-4 (Narcea)

 1. Didática 2. Educação 3. Psicologia social
 I. Título.

16-06353   CDD-370.115

Índices para catálogo sistemático:

1. Didática de participação : Educação social   370.115

Direitos de impressão no Brasil — Cortez Editora

Rua Monte Alegre, 1074 – Perdizes
05014-001 – São Paulo – SP
Tels.: (55 11) 3864-0111 / 3611-9616
cortez@cortezeditora.com.br
www.cortezeditora.com.br

Nenhuma parte desta obra pode ser reproduzida ou duplicada sem autorização expressa do autor e do editor.

©NARCEA, S. A. DE EDICIONES, 2016
Paseo Imperial, 53-55 28005 Madrid (España)

www.narceaediciones.es

Fotografía de cubierta: © IngImage

Edição original
ISBN: 978-84-277-2152-4 (Narcea)

Impresso no Brasil — agosto de 2016

ÍNDICE

INTRODUCCIÓN 7

1/ MAPA CONCEPTUAL DE LA PARTICIPACIÓN. ALGUNAS NOCIONES CLAVE 11

Educación Popular. Educación Social. Animación Sociocultural. Ocio y tiempo libre. Educación no formal.

2/ ANIMAR A PARTICIPAR. REVISIÓN TEÓRICA Y REFORMULACIONES ACTUALES 25

Premisas para un cambio de paradigma. Del animador iluminado al animador iluminador. Crítica de la Teoría Crítica. Reformulaciones para una nueva época. De la animación política a la política de la animación. Una nueva animación para enseñar a participar en el s. XXI.

3/ BASES PARA UNA DIDÁCTICA DE LA PARTICIPACIÓN 55

¿Qué entendemos por participación? Significados, dimensiones y enfoques. Fundamentos psicopedagógicos: modelos, teorías y recursos didácticos para la participación. Dimensión socioeducativa de la participación. Aportaciones de otras ciencias. Formación participativa y formación para la participación: enfoques y metodología.

4/ LIDERAZGO Y PARTICIPACIÓN. LOS AGENTES 105

Definición, características y tipologías de liderazgo. El Liderazgo Social: caracterización, tipología, enfoques y ámbitos. Liderazgo social participativo: características y competencias.

5/ NEUROANIMACIÓN. UNA NUEVA MODALIDAD DE INTERVENCIÓN SOCIOEDUCATIVA A PARTIR DE LA NEUROCIENCIA 125

Concepto y finalidades. Bases neurológicas de la motivación y del aprendizaje óptimo. Estrategias de neuroanimación. Pirámide de necesidades del cerebro. Actividades de neuroanimación: basadas en el movimiento y la expresión dinámica; basadas en la manipulación; integradas y estructuradas en proyectos socioculturales; basadas en la expresión dinámica y creatividad artística.

BIBLIOGRAFÍA 147

INTRODUCCIÓN

Ninguna sociedad podrá dar cauce a la lógica cooperativa si su sistema educativo no enseña a pensarlo.

E. PUNSET (2011)

El tema de la participación se ha estudiado poco y cuando se ha hecho ha sido preferentemente desde la Psicología (especialmente la Psicología Social) o la Sociología (sobre todo la Sociología Comunitaria). De ahí que las escasas publicaciones existentes al respecto hayan concebido la participación exclusivamente como metodología social (Sánchez, 1991) y generalmente dentro del contexto disciplinar y profesional del Trabajo Social con jóvenes, y del asociacionismo (Fundación EDE, 2011).

Lo que me propongo en este libro es mostrar cómo la participación tiene una dimensión no sólo social sino tambien educativa, sin la cual, será muy difícil hacerla posible y eficaz. Porque si bien la sociabilidad es una característica inherente a la naturaleza humana, su desarrollo y aplicación sólo es posible mediante su aprendizaje y ejercicio en contextos sociales propicios. Ello hace que la participación requiera de un proceso de aprendizaje que prepare y entrene al individuo en el desarrollo de las habilidades necesarias para participar en los múltiples y diferentes contextos de nuestra vida, caracterizada por una creciente complejidad.

Para ello será necesario construir una *Didáctica de la Participación* a partir de algún modelo de intervención que tenga en ella su medio principal y a ser posible su finalidad última. Este modelo afortunadamente existe y tiene una andadura histórica suficientemente amplia y contrastada como para poder abordar esta inédita y aventurada empresa. Me refiero a la animación sociocultural, un modelo de intervención socioeducativa del que se ha hablado mucho, se ha escrito bastante y se ha investigado lo suficiente como para haber convertido, lo que hace medio siglo era una práctica incierta e intuitiva, en una disciplina fundamentada, académicamente consolidada y profesionalmente reconocida.

Sin embargo, a pesar de ser desde principios de este siglo uno de los ámbitos de investigación sociopedagógica con mayor número de publicaciones científico-académicas de nuestro entorno[1], ninguna de ellas ha abordado hasta ahora la dimensión didáctica de la animación sociocultural respecto de lo que la mayor parte de la literatura considera como su objeto fundamental: la participación.

Este es precisamente el reto que me propongo abordar a lo largo de las próximas páginas. Como toda empresa primeriza, este propósito es arriesgado, no sólo por lo inédito del enfoque sino por la ausencia de referencias a estudios e investigaciones en los que asentar esta andadura. No obstante, creo que el riesgo merece la pena asumirlo, en el convencimiento de que poner las bases para el desarrollo de una didáctica de la participación es algo urgente y necesario en el contexto actual de las sociedades complejas en las que nos toca vivir y para las que hemos de educar y educarnos.

El libro está dividido en cinco capítulos. El primero lo dedico a delimitar y definir la constelación de nociones afines que determinan a mi entender el mapa conceptual de la participación desde un enfoque sociopedagógico.

En el segundo capítulo intento realizar una revisión y actualización teórica de la animación sociocultural a la luz de las corrientes del pensamiento actual que permita presentar esta disciplina como una didáctica de la participación y no tanto como una praxis o metodología social, tal como se la ha presentado hasta ahora por la mayoría de los teóricos del gremio.

---

[1] En este sentido, se puede consultar la interesante y rigurosa investigación bibliográfica realizada hasta el momento sobre Pedagogía Social a cargo del Paciano Fermoso (2003): *Historia de la Pedagogía Social Española*. Valencia: Nau Llibres.

Una vez establecido el marco conceptual y teórico de mi propuesta, dedico un tercer capítulo a establecer los fundamentos para el desarrollo de una didáctica de la participación a partir de las aportaciones de investigaciones actuales en ámbitos como el de la pedagogía, la sociopedagogía, la biología, las neurociencias y la psicologia positiva. Ello lo haré a partir de la discriminación entre la *formación participativa* (como aplicación genérica de la metodología participativa a la enseñanza en donde la participación se utiliza como medio didáctico aplicado a cualquier contenido o tema educativo) y la *formación para la participación* (en donde la participación además es el contenido y fin de dicho proceso de enseñanza-aprendizaje).

Una práctica de la participación no es posible sin los agentes que la impulsen. Por ello, dedico el cuarto capítulo del libro a explicitar las bases y características del *Liderazgo Social Participativo* como una nueva modalidad diferente al resto de liderazgos, capaz de responder a las características que deben reunir a mi entender los agentes de la participación, es decir los nuevos animadores socioculturales.

El último capítulo cierra el libro, abriéndolo al futuro mediante un avance de lo que bien podría ser una nueva modalidad de intervención socioeducativa –la *neuroanimación*–, a partir de la relación de los principios de la animación sociocultural con las actuales y futuras aportaciones de la neurociencia.

1/ MAPA CONCEPTUAL DE LA PARTICIPACIÓN. ALGUNAS NOCIONES CLAVE

Para poder llegar a comprender el sentido y alcance de la temática a desarrollar en esta obra, es necesario enmarcar el concepto de participación dentro de la constelación de conceptos afines con los que está estrechamente relacionada. Estos conceptos a los que nos referiremos a continuación configurarán el mapa conceptual de la participación desde el enfoque aquí abordado y por ello constituyen las premisas epistemológicas que fundamentarán todo nuestro discurso a lo largo de esta obra.

EDUCACIÓN POPULAR

Comenzamos por este concepto porque históricamente es el que antes se consolida en relación a la participación, entendida desde un enfoque comunitario y muy relacionado con lo que poco después se vendría en llamar Animación Sociocultural (ASC), especialmente en el contexto latinoamericano a partir de los años 70 del pasado siglo (Aguilar, 1989). Esta vinculación se ha interpretado desde enfoques diversos que van desde la concepción de la Educación Popular (EP) como un antecedente o incluso una versión latinoamericana de la ASC y del liderazgo social (Simposio de Palma de Mallorca, 1989. Ventosa, 1997:94), hasta la consideración de ambas realidades como *realizaciones paralelas* con unas vinculaciones muy reducidas en la práctica (Aguilar, 1990). Por tanto nuestro campo de análisis de la EP hemos de situarlo en esta perspectiva pero añadiendo los más de 20 años transcurridos desde aquellos primeros posicionamientos hasta ahora. Precisamente es esta evolución histórica –con cambio de siglo incluido– lo que resultará decisivo para fundamentar mi posición al respecto que ya anticipé hace algunos años como resultado de una investigación comparada al respecto entre Europa y Latinoamérica:

> "La ASC y la educación popular en Latinoamérica, si bien son campos de actuación con vinculaciones constatadas (…) no se pueden llegar a identificar, pues provienen de itinerarios históricos diferentes y se aplican desde perspectivas diversas" (Ventosa, 1997:94-96).

Para ser más precisos, la mayor vinculación entre EP y ASC en relación al tema que nos ocupa, procede del ámbito metodológico, en la medida en que la primera se ha servido de los métodos de la ASC con el propósito de *actuar como catalizadores que estimulan los procesos de participación de la gente* (Aguilar, 1989:4).

Sin embargo y curiosamente en esta similitud también radica la mayor diferencia entre ambas, dado que la EP –según la mayor parte de la literatura existente al respecto– es la aplicación al ámbito pedagógico de una determinada teoría (la teoría dialéctica) con una finalidad política que intenta la hegemonía de las clases subordinadas a través de la acumulación popular del saber en un contexto social carente de tejido social y de democracia. Esto supone en palabras de Mª José Aguilar (1989:4) "el uso de la educación con una clara intencionalidad política dentro de una propuesta revolucionaria".

En razón de lo dicho, la EP desde una perspectiva epistemológica es una teoría de tercer nivel o más exactamente una determinada filosofía o concepción ideológica-ético-política de la educación y más concretamente de la educación de adultos (Trilla, 1993:101-102).

En cambio, el contexto de surgimiento de la ASC es completamente diferente al de la EP, ya que como muy certeramente advirtió Ruz Aguilera –retomando a su vez una de las declaraciones del Consejo de Europa en el Simposio de San Remo de 1972– en una de las primeras tesis doctorales realizadas al respecto (1989):

"La Animación sociocultural supone la existencia previa de una sociedad civil con un grado de desarrollo autónomo respecto de la organización administrativa-estatal que permita a sus ciudadanos la capacidad de reconocerse como sujetos capaces de organizarse y de impulsar sus propios proyectos en el plano social y cultural".

En definitiva la EP y la ASC son productos de y para contextos sociales e históricos diferentes y por ello vienen con requerimientos y libros de instrucciones también diferentes, aunque ambos tiene en común la importancia dada al liderazgo social participativo como elemento catalizador de los procesos de transformación y mejora de la realidad.

En los últimos años constatamos cómo la ASC está tomando el relevo a la EP a medida que el desarrollo democrático se va consolidando en Latinoamérica, del mismo modo en Europa la ASC está tomando el relevo a la educación de adultos entendida como alfabetización, debido al hecho de que afortunadamente el analfabetismo es estadísticamente residual en la mayor parte de los países europeos.

Pero estas diferencias, como apuntaba anteriormente, van más allá de lo meramente contextual, hasta llegar a la misma naturaleza de ambas nociones. Porque mientras que lo característico de la EP decíamos que es su condición de filosofía educativa o enfoque ideológico-político de la misma, donde realmente cobra toda su especificidad y potencia la ASC es en el nivel tecnológico o metodológico, como también apuntan otros investigadores tanto europeos (X. Ucar, G. Pérez Serrano, M.V. Pérez de Guzman) como latinoamericanos, como E. Ander Egg o Ruz Aguilera, del que retomamos una de sus más claras afirmaciones al respecto: "Nos parece que la animación es un enfoque que cobra su mayor consistencia en el hacer, de ahí que la visualicemos más como una metodología que como una teoría de la acción social o educativa" (1989:660).

EDUCACIÓN SOCIAL

Otro concepto que creemos íntimamente relacionado con la participación en cuanto componente de la socialización, es el de Educación Social. Esta disciplina constituye una rama de la educación general y la podemos definir como (Ventosa, 1999):

> *Conjunto fundamentado y sistemático de prácticas educativas no convencionales desarrolladas preferentemente –aunque no exclusivamente– en el ámbito de la educación no formal, orientadas al desarrollo adecuado y competente de la socialización de los individuos, así como a dar respuesta a sus problemas y necesidades sociales.*

Epistemológicamente, la educación social pertenece al ámbito del saber práctico y por ello constituye el objeto de estudio de la Pedagogía Social, rama a su vez de la Pedagogía General. En este sentido, la educación social está más orientada a la intervención y al cambio socioeducativo (Colom, 1987), a diferencia de la educación formal más centrada en la enseñanza reglada y el aprendizaje. Los ámbitos o áreas de intervención que constituyen la educación social se caracterizan por una serie de rasgos diferenciadores entre los que destacamos dos:

- Surgen para dar respuesta a nuevas necesidades socioeducativas que el actual sistema escolar y formal no puede satisfacer por saturación, rigidez o excesivo formalismo.
- Su ámbito de actuación discurre predominantemente dentro de la educación no formal o extraescolar y abarca una pluralidad temática y multidisciplinar fronteriza con otras disciplinas y perfiles sociales, culturales, escolares, sanitarios, psicopedagógicos y jurídicos.

En razón de lo anterior, el educador social desde una perspectiva vertical, está llamado a trabajar en programas y equipos interdisciplinares junto a otros profesionales –trabajadores sociales, psicólogos, sanitarios, jueces, animadores, monitores, etc.– que trabajan en los mismos espacios sociales, pero con diferentes funciones y finalidades.

Desde una perspectiva transversal, los ámbitos o modalidades más importantes de la educación social son cuatro (Petrus, 1997, Ventosa,1999):

- *Educación de Adultos:* alfabetización, educación permanente, educación compensatoria, desarrollo comunitario, educación de personas mayores, educación para la paz, educación cívica, pedagogía de los medios de comunicación, educación para la salud y pedagogía hospitalaria.

- *Educación Especializada:* pedagogía de la inadaptación y marginación social, intervención socioeducativa en toxicomanías, drogodependencias y en grupos con necesidades especiales (minorías étnicas, refugiados, emigrantes, personas con discapacidad, crónicamente enfermas, víctimas de violencia, de abusos, de guerra, colectivos subdesarrollados).

- *Formación sociolaboral:* formación ocupacional, reciclaje y actualización profesional, formación en la empresa, inserción y reinserción profesional, transición a la vida activa, escuelas-taller y casas de oficios.

- *Animación Sociocultural y educación en el tiempo libre:* recreación, educación para el ocio, educación ambiental, promoción del asociacionismo, promoción y gestión cultural.

Conforme a este mapa socioeducativo, la participación y dinamización social se ubica preferentemente dentro del último de los ámbitos socioeducativos descritos, identificado al perfil de los animadores socioculturales y a la ASC, un concepto del que hablaremos a continuación.

ANIMACIÓN SOCIOCULTURAL

Como ya aclaramos anteriormente, la animación sociocultural constituye un ámbito de educación social, pero a la vez es un modelo transversal de intervención, caracterizado por llevarse a cabo a través de una metodología activa destinada a generar procesos autoorganizativos individuales, grupales y comunitarios, orientados al desarrollo cultural, social y educativo de sus destinatarios (Ventosa, 1999). En este sentido, el agente social como dinamizador y estimulador de la participación, se identifica con la figura del animador sociocultural y el *liderazgo social participativo* del que hablaremos más adelante, es el proceso de animación sociocultural que aquél impulsa y coordina con la implicación activa de la comunidad destinataria.

Pero, para ello, y antes que nada, veremos que es necesario *aprender a participar* por parte de los miembros del grupo o comunidad, un aprendizaje que no es fácil ni inmediato y requiere de la adquisición de una serie de habilidades sociales y emocionales cada vez más necesarias en el contexto de las Sociedades Complejas que vivimos. Por ello es necesario analizar *cuál es la mejor forma de enseñar a participar* para facilitar su asimilación. Es necesario establecer los cimientos de una *Didáctica de la Participación* y la tesis que mantendré e intentaré fundamentar en este libro es que la Animación sociocultural nos ofrece un modelo y una metodología idónea para ello.

Epistemológicamente, la ASC no constituye una ciencia autónoma en sí misma, porque adquiere su fundamentación teórica del aporte de otras ciencias (pertenecientes por ello al nivel de fundamentación de la ASC, como la psicología y la pedagogía social, la sociología y la antropología), pero tampoco la podemos reducir exclusivamente a un conjunto de prácticas, dado que las actividades que conforman la práctica de la ASC (artísticas, lúdicas, deportivas, etc.) no son exclusivas de ella y lo que realmente convierte una acción en ASC no es el contenido de la misma, sino la manera de llevarla a cabo, de tal manera que genere la participación e implicación activa de sus destinatarios.

Esta naturaleza procedimental y formal de la ASC orientada al desarrollo de procesos autoorganizativos creadores de tejido social, es lo que hace que se sitúe en un nivel intermedio entre la teoría y la práctica como una tecnología social en el sentido que Bunge otorga a este concepto, es decir como un cuerpo de conocimientos elaborado y utilizado para diseñar, producir y mantener artefactos sociales tales como grupos y asociaciones en torno a proyectos socioculturales (Bunge, 2004).

La naturaleza y el sentido de la ASC vienen determinados por su polisemia y polivalencia que se reflejan en la misma etimología latina del concepto animación:

- *Animus:* movilizar, dinamizar, poner en relación. Representa la parte material de la ASC, esto es el conjunto de conocimientos, actividades, técnicas, recursos, relaciones y demás procesos comunicativos y expresivos que conforman entre todos las experiencias optimas creativas, generadoras de participación y estados de flujo (Csikszentmihályi, 2010). Constituye la dimensión instrumental e inmanente de la Animación. Esta dimensión de la animación se materializa en *el grupo* como base de intervención y espacio relacional de sus integrantes.
- *Anima:* dar vida, dar sentido o significado. Da cuenta de la parte formal de la ASC, y está compuesta por los proyectos socioculturales que se impulsan a partir de los deseos y propósitos de la comunidad destinataria a través de un proceso de liderazgo social participativo. Aporta la dimensión intencional, creadora y transcendente de la Animación en cuanto creadora de orden y sentido a partir del caos o desorden inicial de una determinada realidad social. La herramienta a través de la cual se materializa esta dimensión es *el proyecto.*

Consecuentemente, la ASC es una estrategia orientada a la movilización (animus) de un determinado colectivo (niños, jóvenes, adultos o ancianos), mediante un proceso participativo, con vistas a involucrarlo de manera activa en el desarrollo de proyectos socioculturales generadores de sentido (anima) (Ventosa, 2001). Para ello, la animación se sirve de una serie de espacios y recursos asociados a tres modalidades fundamentales:

- *Animación cultural:* es aquella modalidad de animación que se centra metodológicamente en la realización de determinadas actividades artístico-culturales (teatro, música, plástica…) con el fin de desarrollar la expresión, la creatividad y la formación cultural a través de la práctica e implicación activa de sus destinatarios. Ejemplos de esta modalidad son la animación teatral, la animación a la lectura o la animación musical.
- *Animación Social:* constituye aquella modalidad de animación centrada más en la comunidad y dirigida a la promoción asociativa y al desarrollo comunitario de un determinado territorio (programas socioculturales de las asociaciones vecinales o barriales, así como de los Centros cívicos y equipamientos sociales y comunitarios).

© narcea s. a. de ediciones

- *Animación educativa:* es aquel tipo de animación que persigue fundamentalmente la educación del y en el tiempo libre de los niños, jóvenes y también mayores, a través del juego y de las actividades recreativas en grupo. Finalmente, la animación educativa o pedagógica se ocupa del desarrollo de la motivación para la formación permanente a través de la aplicación de métodos activos y técnicas de participación a los procesos de enseñanza-aprendizaje.

En definitiva, la ASC tiene lo educativo como finalidad, lo social como ámbito y lo cultural como medio de intervención. El proceso que une, articula e impulsa estos tres componentes es precisamente el liderazgo social participativo, del que hablaré más adelante.

OCIO Y TIEMPO LIBRE

Tradicionalmente en nuestro entorno, estos conceptos –ocio y tiempo libre– suelen venir siempre juntos. Esta circunstancia hace que frecuentemente se les confunda e incluso se les llegue a identificar, cuando en realidad son dos conceptos bien diferentes aunque estrechamente relacionados.

Desde una perspectiva sociológica el concepto de tiempo libre, constituye el "tercer tipo de tiempo" de la vida humana, junto al tiempo de trabajo y el de las necesidades y obligaciones. Tiempo libre, por tanto, es el tiempo disponible que nos queda una vez descontado el tiempo no disponible o de las obligaciones laborales, fisiológicas y socio-familiares. Desde un enfoque pedagógico, el tiempo libre constituye la materia prima del ocio, la condición necesaria, pero no suficiente para el ocio (Ventosa, 2005). Utilizando la terminología aristotélica, mientras que el tiempo libre posee una naturaleza *material*, el ocio es lo que da una determinada *forma* educativa al tiempo libre.

En este sentido, es importante no confundir la ASC con la educación para el ocio en su totalidad, ya que la ASC aplicada al ámbito del tiempo libre, se ocupa tan sólo del ocio social, comunitario, compartido. A diferencia de otros enfoques más centrados en el ocio individual u ocio como *vivencia* (Leif, 1992), la ASC se ocupa del Ocio como *con-vivencia*. De este modo podemos decir que *el ocio es el tiempo libre aprovechado* (Ventosa, 2005) a diferencia del tiempo libre perdido o estéril al que también se puede llamar ociosidad. Por extensión, las actividades de tiempo libre son todas aquellas actividades que entran dentro del concepto de recreación, de inspiración americana mientras que el ocio se identifica más con el concepto portugués de *lazer*. Así, la Pedagogía del Ocio es aquella rama de la Pedagogía que se encarga del estudio de la dimensión educativa del ocio, mientras que la Educación para el ocio y el tiempo libre, es una rama de la educación social que se ocupa de la aplicación de los principios de la Pedagogía del Ocio a la práctica socioeducativa (Trilla, 1977).

Las finalidades del ocio las resumió de manera clásica Dumazedier (1964) aludiendo a las tres "**D**": **d**iversión, **d**escanso y **d**esarrollo. Pero este esquema ha quedado superado por desarrollos teóricos posteriores. En este sentido las aportaciones posteriores de Trilla (1993) resumen las características esenciales que ha de reunir una actividad de tiempo libre para convertirse en ocio auténtico: autonomía, placer y autotelismo (disfrute intrínseco).

Es muy revelador que precisamente estos rasgos del ocio coinciden con los rasgos que según las investigaciones más exhaustivas y recientes de la Psicología Positiva caracterizan al concepto de flujo o estado de felicidad (Csikszentmihályi, M., 2010). Un estado que podemos relacionar con lo que llamamos calidad de vida en nuestro campo y al que se llega cumpliendo unas condiciones básicas y que curiosamente también son comunes a cualquier experiencia lúdica y de ocio:

- Existencia de una tarea o actividad que implique *un reto o desafío* para el que la emprende con una *meta* definida, unas *reglas* claras para poder llegar a ella, una *dificultad* apropiada y una *retroalimentación*.
- Exigencia de una *concentración* profunda (ensimismamiento) en el desarrollo de dicha actividad que conduzca a la "fusión" con la misma.

- Capacidad y sensación de *control* (autocontrol) por parte del protagonista de la acción.
- Sentimiento de *satisfacción personal* en el desarrollo de la acción.
- *Alteración de la percepción de tiempo* durante el desarrollo de la actividad.
- *Autotelismo* o identificación del *por qué* y el *para qué* de la actividad, de tal forma que se hace "porque me da la gana", encontrando su principal finalidad en sí misma y en el puro placer de realizarla, por encima de otras razones instrumentales o utilitarias.

Si repasamos y reparamos en cada una de estas condiciones descritas que Csikszentmihályi ha descubierto en las experiencias óptimas de flujo, comprobaremos que todas ellas las encontramos en las experiencias de ocio asociada a la práctica de alguna actividad sociocultural (deporte, juego, teatro, música, etc.).

En primer lugar, todo proyecto sociocultural o actividad de ocio ha de ser una *actividad desafiante,* es decir ha de poner a prueba nuestras habilidades para que sea motivante y movilice sus destinatarios. Tras la motivación inicial, el mantenimiento sostenido de esta implicación y por tanto de la continuidad del proyecto sólo se conseguirá si los participantes perciben de forma clara una meta y las reglas del juego para conseguirla. La consecución de esta meta ha de tener cierta dificultad para que su consecución se perciba como un desafío atrayente sin ser ni tan fácil que provoque aburrimiento ni tan difícil que genere desánimo o excesiva ansiedad.

Además la práctica sociocultural elegida y deseada genera concentración sostenida, de tal manera que se llegue a conseguir una auténtica fusión del sujeto con el entorno en el desarrollo de la misma. Un ejemplo de este estado es el *ensimismamiento* que consigue un niño cuando está jugando o un adulto cuando está completamente absorto en una actividad lúdica o cultural que le absorbe (leer, actuar, hacer deporte, tocar un instrumento, relacionarse con el otro…). Este ensimismamiento en la tarea realizada, llega a producir un sentimiento de profunda satisfacción, cuando quien lo experimenta percibe una sensación de control de aquello que está haciendo (frente al sentimiento de frustración que se sufre cuando sucede lo contrario). Una satisfacción que puede hacer muy intenso el instante vivido alterando de este modo la percepción psicológica del tiempo, acelerándolo o retardándolo según las circunstancias, tal y como expresan magistralmente las palabras del Fausto de Goethe: "Detente instante, eres tan hermoso". Esto nos lleva a concluir que:

> *La Animación Sociocultural, efectivamente, contribuye a la mejora de la calidad de vida en la medida en que es capaz de involucrar a la población en proyectos elegidos y deseados, generadores de experiencias óptimas.*

Aunque el aprovechamiento del ocio y la consecución de este tipo de experiencias es posible desde una perspectiva individual y subjetiva (el ocio como vivencia o la vivencia personal del ocio a la que aludía anteriormente con ejemplos tales como el cultivo de aficiones personales o de hobbies), nosotros lo abordaremos desde un enfoque social centrándonos en la dimensión grupal y comunitaria del ocio en coherencia con la temática de este libro. Para ello, el modelo de intervención más enriquecedor e integral es el que aporta la Animación Sociocultural, al ser una metodología participativa, grupal, activa y creativa que permite trabajar la dimensión social y grupal del ocio integrándolo y adaptándolo al contexto y a las características del entorno.

A partir de aquí, definiremos la ASC como una metodología para el desarrollo de la participación social y cultural, que en nuestro caso, aplicaremos dentro del tiempo libre como uno de los posibles ámbitos de intervención de aquella.

De este modo, podemos concluir diciendo que la recreación en cuanto ocio aporta al tiempo libre *una finalidad* positiva –placer, desarrollo, descanso– mientras que la animación propone *un medio* o camino para conseguirla: la participación social o comunitaria. Esto quiere decir que puede haber otros caminos –y de hecho los hay– para desarrollar programas de ocio o recreación, por ejemplo más centrados en la oferta de actividades de tiempo libre que en la atención a la demanda, más interesados en el fomento de un ocio consumista y receptivo que en una recreación activa y creativa, impulsados desde un ocio más comercial que socioeducativo, o desde un enfoque exclusivamente recreacionista e individual, en vez de sociocomunitario. De entre todos estos posibles enfoques del tiempo libre, la aportación de la animación sociocultural al ocio es doble, ya que le otorga *una metodología participativa* para llevarlo a cabo y *un contexto grupal y sociocultural* más allá de enfoques individuales y evasivos en el que desarrollarlo.

EDUCACIÓN NO FORMAL

El concepto de educación no formal nace a partir de los años 70 del pasado siglo de la constatación del desbordamiento de los límites espacio-temporales que sufre la educación tradicional ante las nuevas necesidades formativas demandadas por una Sociedad en constante transformación y desarrollo (Faure, 1973, Coombs, 1985, Ventosa, 1992). Este desbordamiento llevará a la necesidad de considerar otros ámbitos educativos además de los formales y con éstos, la necesidad de encontrar nuevos métodos didácticos y motivacionales adecuados a estos nuevos espacios educativos.

Con el fin de agrupar los nuevos ámbitos educativos no convencionales surgidos a partir de la constatación de los límites de la educación no fomal, se lleva a cabo una clasificación que aunque actualmente se han constatado sus limitaciones, ya es clásica (Coombs y Ahmed,1975) y que divide a la educación en tres ámbitos: el formal, el no formal y el informal.

A su vez, cada una de estas categorías educativas integra a una serie de ámbitos o espacios educativos más específicos. Concretamente dentro de los espacios educativos incluidos en la educación no formal está el del ocio (y su tratamiento educativo a través de la llamada Pedagogía del ocio) enmarcado a su vez dentro del concepto más genérico de tiempo libre y ambos a su vez forman parte del concepto de animación sociocultural cuya ubicación desborda el ámbito de la educación no formal hasta situarlo en el contexto más amplio de la educación permanente (Simpson, 1976, Ventosa, 2002:106-114) transcendiendo también la noción de ámbito educativo hasta llegar a la de "eje transversal que afecta a todos ellos" (Sarramona, Vázquez y Colom, 1998:151-152).

De este modo, podemos concluir que la ASC es una disciplina (o mejor un sistema disciplinar) de carácter transversal –dada su naturaleza procedimental más que objetual y topológica– que aporta una metodología específica (basada en los métodos activo, participativo, grupal, lúdico y creativo) capaz de desencadenar experiencias óptimas que aportan complejidad a la conciencia y significado a la vida humana, aplicable generalmente (aunque no de manera exclusiva) a la mayor parte de los espacios de la educación no formal, entre los que sobresale el de la educación en el tiempo libre (de la que se ocupa la Pedagogía del Ocio), más conocido en Latinoamérica con el nombre de Recreación.

En síntesis, la misión de la ASC es la de enseñar a controlar la conciencia mediante el desarrollo de proyectos entendidos como *conjunto de acciones decididas por los propios interesados que dan forma y sentido a la vida humana* logrando con ello a la mejora de la calidad de vida.

No en vano, las últimas aportaciones de la Neurociencia y de la Psicología (especialmente la Social y la llamada Positiva) confirman la estrecha relación existente entre el juego, el ocio y la alegría, hasta el punto de que hoy sabemos que los mecanismos neuronales que se activan con el juego son los mismos que los que se ponen en marcha cuando una persona está alegre (Vicent, 2009:189). Y esta vinculación nos da base para poder afirmar que una buena pedagogía del ocio desarrollada a través de la metodología de la ASC es la mejor troqueladora de *personalidades autotélicas,* las más capaces de encaminarse a la meta de una *vida buena,* plenamente feliz abandonando el yo y fundiéndose con *El otro y Lo otro.*

De este modo, podemos firmar que la ASC es un proceso generador de *estructuras disipativas* (concepto tomado por Csikszentmihalyi de los estudios de termodinámica que le dieron el Premio Nobel de Física a I. Prigogine) entendidas como procesos capaces de crear orden a partir del caos, a través del arte, el juego, la cultura y la relación con el otro. En definitiva, los programas de ASC son auténticos antídotos contra el caos existencial, la anomia social y el sinsentido que afecta cada vez más a la vida humana en una Sociedad cada vez más compleja y por tanto necesitada de iluminación, sentido y conciencia social.

© narcea s. a. de ediciones

La ASC pretende conseguir *anima* (sentido), a través del *animus* (la movilización o participación social), implicando a las personas y a los grupos humanos en proyectos ilusionantes, percibidos como retos o desafíos con suficiente dificultad y atractivo como para ser capaces de movilizar voluntades y desarrollar habilidades que les lleven a la relación y a la fusión con el entorno y al compromiso con sus semejantes para transformar la realidad y mejorar el mundo al que pertenecen.

La educación para el ocio desde el enfoque participativo, convivencial y social que aporta la Animación Sociocultural, es capaz de llegar a troquelar *personalidades autotélicas*, indiferentes al yo o al menos vacunadas contra el individualismo a fuerza de centrarse en la relación con el/lo Otro. La ASC en definitiva, se propone conseguir *Anima* –sentido, significado, conciencia– a través de *Animus,* es decir a través de la relación y la fusión con el Otro (prójimo, grupo, comunidad) y lo Otro (entorno), transcendiendo de este modo su propio yo.

Pero este camino no es fácil y requiere del impulso y orientación del animador sociocultural quien a su vez necesita de algo más que su buena voluntad para poder ejercer su rol. Por ello en próximos capítulos me dedicaré a describir y tratar de establecer las bases para una Didáctica de la Participación que tenga en la Animación Sociocultural su referencia principal.

2/ ANIMAR A PARTICIPAR. REVISIÓN TEÓRICA Y REFORMULACIONES ACTUALES

La Animación Sociocultural nace en los inicios de la segunda mitad del pasado s. XX, en un contexto histórico traumatizado por las recién finalizadas Grandes Guerras mundiales, vinculada al reconocimiento de la Política Cultural por parte de los Organismos Internacionales y Gobiernos que veían en ella el medio adecuado para conseguir unir y democratizar a los pueblos a través de la participación en la Cultura, neutralizando con ello el riesgo de volver a sufrir futuras confrontaciones bélicas.

La ASC nace, por ello, para dar respuesta a esta exigencia inicial de democratización cultural, que a su vez dio lugar a una creciente descentralización de la cultura para poderla acercar a la gente como primer paso para posibilitar su apropiación definitiva bajo los dictados de la Democracia Cultural (Ventosa, 2000).

Por eso, es algo constatado y aceptado que la ASC nace como medio para conseguir los objetivos de la Democracia Cultural, una Política Cultural que pretende llevar a sus últimas consecuencias los principios de la democracia aplicados al ámbito sociocultural. Estos principios van dirigidos, como afirma lúcidamente J. Dewey (1970), a *liberar las capacidades de los individuos*.

En este sentido, la ASC desde sus mismos orígenes, nace con el propósito de *enseñar a vivir en comunidad* compartiendo proyectos socioculturales liberadores de las capacidades de sus miembros. Por tanto, las coordenadas de la ASC están delimitadas por tres conceptos clave, *Democracia, Cultura y Educación*, que al unirlos nos definen con claridad la finalidad última de la ASC: *educar para la democracia a través de la práctica cultural*.

Por ello, definiremos la ASC como una *Didáctica de la Participación Social* cuyo objeto o finalidad consiste en *enseñar a participar involucrando a las personas en proyectos socioculturales de su interés para liberar y desplegar sus capacidades.* Esta definición y esta finalidad, serán los pilares que acotarán por tanto nuestra revisión.

Posiblemente el pensador que más y mejor ha analizado las relaciones entre los tres conceptos citados es John Dewey. Por eso será uno de mis referentes a la hora de fundamentar esta revisión teórica de la ASC, junto con Richard Rorty recuperador y actualizador de su pensamiento, en quien me apoyaré para resaltar la dimensión pragmática que tiene la ASC como práctica social que es. Este autor rememora a Hegel al afirmar que a los conceptos se les conoce igual que a las personas: a través de su historia, descubriendo su biografía.

Este es otro de los postulados en los que asentaré mi revisión de la ASC, dado que esta tiene una naturaleza procedimental e histórica (como he afirmado reiteradamente en anteriores ocasiones, no es un "qué" sino un "cómo"), lo cual significa que es algo que no se puede hipostasiar, sino aplicándola a un determinado contexto necesariamente histórico y determinado.

El carácter procedimental, contextual e histórico de la ASC nos enfrentará a uno de los problemas más peliagudos de la Historia de la Filosofía planteado inicialmente por los presocráticos. Me refiero a intentar comprender lo que permanece y lo que cambia en los conceptos, en nuestro caso en la ASC. Para llegar a diferenciar una y otra cosa de una manera útil y convincente debemos atenernos no tanto a los discursos retóricos, desiderativos e idealistas que han estado circulando a lo largo del tiempo sobre la ASC –la mayor parte dramáticamente alejados de la práctica cotidiana– como a las experiencias que se han venido desarrollando bajo esta denominación.

De este modo podremos comprobar cuáles han sido las constantes y cuáles las variables de las prácticas de ASC a lo largo del más de medio siglo de su existencia, con vistas a descubrir ese *mínimo común denominador* que ha permanecido constante a modo de hilo conductor y anclaje identitario, diferenciándolo de la envoltura circunstancial en la que se ha venido presentando a lo largo de los diferentes contextos y coyunturas históricas.

PREMISAS PARA UN CAMBIO DE PARADIGMA

Este proceder nos permitirá afrontar la necesaria reformulación y adaptación de la ASC a una nueva época, una nueva Sociedad de características sensiblemente diferentes a las de hace medio siglo en donde los paradigmas del s. XX en los que se asentó, necesitan una revisión a la luz de las nuevas situaciones y aportaciones filosóficas y científicas del nuevo milenio, con el fin de hacer frente a un nuevo tipo de Sociedades caracterizadas por una creciente complejidad que demandan respuestas globales a problemas globales, huyendo por tanto de enfoques parciales, maniqueos y desfasados.

Los cambios sociales acaecidos en los últimos años obligan a replantearse el paradigma hegemónico sobre el que se ha venido asentando buena parte del discurso de la ASC desde su nacimiento. Dichos cambios, tal y como afirma D. Wildemeersch (2012) están trasladando los ejes de reflexión y de acción socioeducativa haciéndolos bascular de la emancipación al empoderamiento, de los derechos de la colectividad a las responsabilidades de los individuos, de la solidaridad a la autoayuda.

El procedimiento que sustentará este trabajo es de carácter intrumental, al plantear el camino para poder afrontar esta revisión tomando buena nota de las lecciones que podemos extraer de la propia historia de la ASC. Una historia que camina de la mano del avance de Democracia a lo largo de la segunda mitad del s. XX y la de su logro más evidente y más amenazado en la actualidad, el Estado del Bienestar. Este camino no es otro que el del *ejercicio del acuerdo* entre discursos, intereses y posturas divergentes, antagónicas e unilaterales hasta llegar a la *convergencia* a través del consenso, el pacto y la imaginación creadora y solidaria (este es el genuino sentido que daré a otro concepto asociado a la ASC como es el de "recreación") *con el fin de llegar a la emergencia de un nuevo equilibrio integrador en el que todos salgamos ganando, perdiendo lo mínimo necesario para que éste sea posible.* Un proceso que podríamos llamar *"método conversacional"* en honor de R.Rorty (2010), en cuya propuesta de concebir la "Filosofía como política cultural" me apoyaré para fundamentar esta reformulación teórica de la ASC.

De este modo, la revisión que propongo comienza por la del mismo método dialéctico remontándome para ello al significado originario que le dieran Heráclito y Platón, reformulado muy posteriormente por Hegel, desarrollado por Marx y reinterpretado por los sucesivos revisionismos marxistas hasta llegar a la Escuela de Frankfurt y a uno de sus más ilustres miembros, Habermas, de quien proceden las aportaciones más significativas al Paradigma Crítico y sus aplicaciones socioeducativas y culturales que han venido cimentando buena parte del discurso de la ASC hasta ahora.

En este sentido, el cambio metodológico que propongo no es sintáctico sino semántico, rechazando el *conflicto* como motor del progreso histórico como planteaba el marxismo, para cambiarlo por el concepto de *equilibrio inestable*.

Un concepto éste último mucho más acorde con el estado de nuestro conocimiento actual de las ciencias sociales y con el que aportan al mismo las ciencias naturales, desde la biología y la teoría evolutiva, hasta la física (especialmente la termodinámica a través de las decisivas aportaciones de Ilyia Prigogine, 2001), pasando por la aplicación de las Teorías del Caos (Balandier, 1997) y de la Complejidad a las ciencias sociales (Morin, 1998), hasta llegar a las corrientes del pensamiento contemporáneo de la Epistemología y Filosofía de la Ciencia (Bunge, 2004), la Analítica (Davidson, 1992), el Pragmatismo (Dewey, 1995 y Rorty, 2010) y el pensamiento sobre la postmodernidad (Habermas, 1998 y Bauman, 1999). Este cambio me lleva a proponer una trinidad conceptual nueva: *divergencia, convergencia y emergencia*, frente a la vieja trinidad dialéctica de la tesis, antítesis y síntesis.

En razón de todo ello, pienso que el camino de la emancipación no lo podemos seguir planteando través de la agudización del conflicto, sino *mediante el ejercicio del diálogo orientado al acuerdo* en busca de un equilibrio siempre inestable (y por tanto indefinidamente inconcluso tal y como ya advirtió Adorno en su crítica a la dialéctica marxista) entre posturas e intereses inicial y aparentemente opuestos (divergencia) pero con la voluntad, la capacidad y la necesidad de llegar a un pacto (convergencia) en el que todos terminen ganando, perdiendo para ello lo mínimo necesario en una nueva reorganización de la vida social (emergencia).

Los logros históricos más significativos y fecundos de nuestra historia contemporánea, nos muestran cómo no han sido fruto de luchas entre opciones contrarias e irreconciliables rematadas con vencedores y vencidos, sino de la búsqueda de equilibrio entre posturas e intereses divergentes que mediante el ejercicio del acuerdo y el pacto llegan a alianzas consideradas en muchos casos antinatura. Esto es lo que muestra Tony Judt en su estudio sobre la construcción del Estado de Bienestar como fruto de un gran pacto entre grupos antagonistas como el Liberalismo y Capitalismo por un lado y el Socialismo por otro (cit. por D. Wildemeersch, 2012:36).

Por otro lado, el reciente y monumental estudio de Acemoglu y Robinson (2012) nos muestra cómo el progreso de los pueblos no se consigue con sistemas totalitarios, excluyentes y *extractivos*, sino mediante la creación de sistemas políticos y económicos *inclusivos* que permitan liberar las potencialidades de todos para que reviertan en beneficio de todos y no de unos sectores, clases o castas sobre otras.

Esta capacidad del ser humano para poder llegar a consensos es posible si pasamos de lo que Habermas (1989) llama "razón centrada en el sujeto" (ahistórica, transcendente y por ello sólo alcanzable por la vía individual del conocimiento), a la *"razón comunicativa"*, histórica, contextual y alcanzable por la vía comunitaria a través de la búsqueda del consenso intersubjetivo.

Esta interesante distinción de Habermas, pone las bases para pasar de una *razón universal* inalterable al tiempo y a la historia, a una *razón construida socialmente* a través del diálogo y del consenso con el fin de ir resolviendo los problemas humanos que van surgiendo en cada momento histórico.

Sin embargo este paso, no termina de ser asumido con todas sus consecuencias por parte de Habermas, como certeramente advierte Rorty (2010:153), al seguir defendiendo la existencia de una verdad o *argumento intrínsecamente superior a los demás*. Esta rendija universalista (mantenida en un intento de salvaguardar en última instancia la racionalidad postulada por el discurso de la Modernidad frente a la Postmodernidad) es la que fundamenta la pretendida superioridad del Paradigma Crítico frente a los demás y la que termina dividiendo a los que tienen la razón (en nuestro caso, los socio-críticos) de los que no la tienen (los hermenéuticos, pragmáticos, analíticos, postmodernos...). Por ello algunos han venido a denominar a las pedagogías críticas, "pedagogías de la revelación", frente a las nuevas "pedagogías pobres o de la ignorancia" menos grandiosas que la primera, pero más consecuentes con la *sociabilidad de la razón* (Wildemeersch, 2012:40).

Quien sí llevará hasta sus últimas consecuencias la distinción habermasiana es Rorty (apoyándose para ello en Dewey, Berlin y Kuhn, entre otros) al plantear la misión de la Filosofía y de la Ciencia como la *búsqueda de equilibrio* entre la necesidad de *consenso* intersubjetivo (sólidamente planteada por Habermas) y la necesidad de *novedad e imaginación* (reivindicación inicialmente planteada por el romanticismo y recuperada en la actualidad por el postmodernismo).

Por ello, la propuesta de Rorty me parece más coherente y consecuente con el "discurso filosófico de la modernidad" desarrollado por Habermas en su obra de igual título. Y de ella me serviré para reinterpretar el discurso de la ASC a la luz de nuestro tiempo y su dimensión política. De tal modo que concebiré la ASC como una búsqueda de equilibrio entre la necesidad de diálogo y acuerdo intersubjetivo en torno a un proyecto que ha de ser finalmente consensuado por el grupo o la comunidad (animus = poner en relación) y la necesidad de innovación para poder "reconfigurar el orden existente" reescribiéndolo y dotando de nuevos significados por parte de sus miembros (Wildemeersch, 2012:49).

Para lo primero, está lo que llamo la dimensión relacional de la animación o "animus" como movilización y puesta en relación entre las personas en la búsqueda de un proyecto ilusionante. Para lo segundo tenemos la otra gran dimensión de la animación, su "anima" centrada en la búsqueda de sentido o significado.

En los años 80 del pasado siglo, fundamenté la ASC en base a dos grandes dimensiones extraídas de un análisis lingüístico, histórico y comparado de sus orígenes:

- La *dimensión transcendente* identificada con su raíz etimológica "anima" (dar vida, sentido o significado) y derivada de sus orígenes filosóficos inspirados en la corriente personalista del humanismo cristiano de Lacroix y Mounier.

- La *dimensión inmanente* identificada con su otra raíz etimológica "animus" (dinamizar, poner en relación) e inspirada en la otra gran fuente de inspiración de la ASC, esto es la corriente del llamado "marxismo cálido" sólidamente construida por Ernst Bloch con su "Principio Esperanza" (1980) y divulgada posteriormente por pensadores como Roger Garaudy.

Desde la primera formulación de esta tesis ha pasado más de un cuarto de siglo y desde entonces han sucedido muchas cosas; el mundo, la sociedad, la ciencia y el pensamiento han evolucionado significativamente. A la inicial secularización de la religión consumada en el s. XVIII con la Ilustración, sucedió la posterior secularización de la cultura avanzada en el s. XIX –especialmente con los tres filósofos de la sospecha: Marx, Nietzsche y Freud– hasta culminar con la secularización de la misma ciencia en el s. XX a partir de publicaciones como la *La estructura de las revoluciones científicas* de T. Kuhn (1971).

Con el final del pasado siglo, asistimos al final de los "Grandes relatos", "al fin de las certidumbres" como plantea Ilya Prigogine (2001) en su obra homónima sobre la realidad, y ahora estamos aprendiendo a convivir con la incertidumbre disponiendo tan sólo y como mucho de "microrelatos" parciales y fragmentarios para poder enfrentarnos a ella. Por todo ello, la ASC ha de ir adaptándose y evolucionando conforme a los requerimientos históricos, tomando la forma y los discursos que el contexto y la situación de cada momento requieran. Sin embargo el contenido básico de mi tesis creo que continua tan vigente o más que cuando la enuncié. En la base de cualquier proceso de animación actual permanece su doble dimensión transcendente (anima =sentido) e inmanente (animus = relación). Tan sólo es necesario cambiar el rol del animador en relación a la manera de entender estas dos dimensiones.

De este modo, el animador ha de pasar de ser un "pastor de la verdad" (cuya misión es conducir al grupo, ignorante del camino, hacia la meta) a un *"cultivador de significados"*, dejando claro que el sentido no se descubre ni se revela como algo acabado, sino como *algo que hay que construir con los demás*, tal y como anuncia G. Deleuze (1989) cuando afirma que "El sentido no es nunca principio, ni origen, es producto. No está por descubrir, ni restaurar ni reemplazar; está por producir con nuevas maquinarias". Pero para ello, no creo que haya que renunciar a la transcendencia, tal y como también proclama este autor. Tan sólo hay que resituarla poniéndola en el final, no en el principio del proceso como la sitúa la tradición dogmática y metafísica. Esto significa que, como decía Freire[1], a la transcendencia sólo se puede llegar a través de la inmanencia, y por tanto en este recorrido todos –animador y grupo– somos ignorantes del resultado hasta que éste no llegue.

La transcendencia, de este modo se sitúa en esa tensión y llamada esperanzadora que ejerce el futuro sobre el presente, en ese "ya pero todavía no" que hace converger la mejor tradición utópica del marxismo cálido del "Principio Esperanza" con la más pura tradición escatológica judeo-cristiana (Bloch, 1980).

No en vano, este sentido es el que, según algunas interpretaciones al respecto, parece que tiene el significado originario arameo del nombre que utiliza Dios para referirse a sí mismo en los textos bíblicos: Yahveh o Jehová: *"Yo seré lo que seré"* (Ehyeh asher ehyeh) (Ex.3:14).

DEL ANIMADOR ILUMINADO AL ANIMADOR ILUMINADOR

Uno de los argumentos que nos viene muy al caso para ahondar en esta revisión del Paradigma Crítico como fundamento teórico de la Educación y Animación Sociocultural ha sido inicialmente abordado por J. Rancière (2002) en su obra *El maestro ignorante*, a partir del principio de "la igualdad de inteligencia" entre todos los humanos, y en su trabajo *El espectador emancipado* (2010).

El discurso crítico basado en la necesidad de luchar por la emancipación del ser humano, retoma la visión marxista del intelectual como "pastor de la verdad" que ha de rescatar al rebaño ignorante (el pueblo) de la alienación en la que se encuentra, sumido en la "falsa conciencia", para conducirle a la senda de

---

[1] En su última visita a la Universidad Pontificia de Salamanca a la que tuve la suerte de asistir.

la verdad. En nuestro caso, esta misión se traslada al educador y de manera más acentuada al animador, como último reducto no formal de esta lucha, una vez perdida la batalla formal en las aulas, puesta en evidencia por los análisis de Lerena a partir de las teorías de Foucault (1984).

En definitiva, esta visión emancipadora del animador como agente crítico y desenmascarador de la situación alienante en la que vive sumida la comunidad, forma parte del ideario de todo animador que se precie y por supuesto constituye un tópico de la mayor parte de los pronunciamientos que se han venido haciendo de manera reiterada a lo largo de los años en publicaciones, conferencias y congresos sobre el perfil y funciones del animador sociocultural.

Sin embargo, esta pretensión reveladora de la misión del animador puesta recientemente en evidencia por D. Wildemeersch en el V Coloquio Internacional de ASC (Zaragoza, 2012), trata cuando menos con poco respeto al destinario, al tratarle como un sujeto manipulado, pasivo, engañado e incapaz de salir por sí mismo de su ignorancia. Esta visión iluminada y militante del animador, esconde un tratamiento desconsiderado y paternalista de la gente, fruto de corrientes ideológicas y pedagógicas críticas pensadas *en* y *para* contextos caracterizados por sociedades no democráticas y con altos índices de analfabetismo y no se corresponde con el tipo de sociedades actuales de nuestro entorno, democráticas, complejas y mayoritariamente alfabetizadas. En ellas subyace el presupuesto más o menos oculto de la "desigualdad de la inteligencia" (Wildemeersch, 2012) que divide a la sociedad entre iluminados y embrutecidos, lúcidos y manipulados, otorgando a las élites ilustradas la misión de emancipar al pueblo sacándole de la ignorancia.

Este presupuesto ideológico pienso que es doblemente dañino, en cuanto que bajo un discurso teórico pretendidamente liberador y progresista, en la práctica se actúa con una actitud prepotente y jerárquica soterradamente antidemocrática, tal y como advierte Wildemeersch parafraseando a Rancière (2012:45) en su crítica a quienes hasta ahora han propugnado convertir al espectador pasivo y manipulado en un agente activo.

Aplicando esta crítica a la ASC, comprobamos cómo la concepción paternalista de la Democratización de la Cultura que teóricamente creíamos superada desde los años 80 del pasado siglo, por la Democracia Cultural, en la práctica continua vigente. Y por tanto, la figura del animador sociocultural como generador de espacios de encuentro en donde cada cual pueda elegir libremente su proyecto sociocultural, como un provocador de contextos generadores de nuevas formas de ver el mundo y de implicarse en él de manera creativa e innovadora, continua siendo una asignatura pendiente.

Bajo el enfoque crítico de lo que Wildemeersch llama "Pedagogía de la revelación" (lo que en el fondo advirtamos que no es sino una traslación secularizada del concepto teológico de "revelación" al mundo de la cultura), lo que en realidad se preconiza, tras una pretendida animación sociocultural crítica y liberadora, son animadores iluminados y sabios que guíen al grupo hacia la verdad, desenmascarando la falsa conciencia de sus miembros y liberándoles de su alienación.

Frente a este tipo de animador *cultivado* que presupone la existencia de una comprensión de la realidad superior a las demás, propongo al *animador cultivador* que –basándose en el principio socrático de que todos llegan a ser inteligentes si se les trata como tales– no impone fines pero los hace posibles (Ventosa, 2002) con su vocación *heurística*, su inteligencia *estratégica* y su voluntad *hermenéutica*. Un animador consciente de que no hay camino –como nos dejó escrito A. Machado– "sino estelas en la mar", sabedor de que como nos mostró de manera clarividente Gadamer, comprender es interpretar y por tanto "la interpretación es la forma explícita de la comprensión" (Gadamer, 1977:378).

En definitiva y por ir recapitulando lo dicho, mi revisión de la Animación Sociocultural pasa por resituar radicalmente sus dos dimensiones fundamentales, invirtiendo el lugar que ocupan y papel que han jugado hasta ahora dentro del proceso de animación:

- *La transcendente o cultivadora de fines y sentido* (anima) *no está al principio sino al final* del proceso de animación. Dicho de otro modo, el sentido es el resultado emergente de la convergencia comunitaria (proyecto sociocultural) a partir de las divergencias iniciales (propuestas e intereses).

- *La inmanente o movilizadora de medios y capacidades* (animus) *no está al final sino al principio* de dicho proceso. De este modo la capacidad emancipatoria de todos los concernidos (animador y grupo) es la misma desde el inicio del proceso de animación, garantizando con ello la igualdad de origen y el respeto democrático de todo el proceso.

CRÍTICA DE LA TEORÍA CRÍTICA

Lo dicho hasta el momento, pone en evidencia una serie de falacias en las que, aunque sea de manera sucinta, es necesario que nos detengamos. Para ello, intentaré aplicar al Paradigma. Critico la misma medicina que éste aplica a los demás, siguiendo con ello la máxima de J. Lacan cuando afirma que la mejor manera de ejercer la crítica sobre cualquier texto, es la de aplicar al mismo, el método crítico que éste preconiza (Cruz, 2002:367).

Según lo dicho, el enfoque crítico que fundamenta buena parte del discurso de la Animación Sociocultural, se basa en un presupuesto que las últimas aportaciones del conocimiento actual –desde la filosofía analítica anglosajona hasta las corrientes de la postmodernidad y la *modernidad líquida* de Bauman (2002a, 2002b), pasando por el pragmatismo norteamericano lúcidamente actualizado por Rorty (2010) han puesto en cuarentena. Se trata de la argumentación de que existe una verdad única, objetiva y permanente, independiente de la historia y de la cultura, que debe ser revelada frente a la ilusión, la manipulación o los intereses opresores que la ocultan.

Esta suposición, no solo esta poniéndose en duda por cada vez más evidencias de diversos campos del conocimiento, sino que además, en la constatación empírica de nuestro devenir histórico, comprobamos que consigue el efecto contrario al que supuestamente persigue –la emancipación humana– al seguir reproduciendo la desigualdad del sistema entre inteligentes o iluminados, ignorantes o manipulados.

Vivimos en un mundo complejo cuyos mecanismos están escapando al control no sólo de los poderes políticos sino también de los fácticos y cuya comprensión hace tiempo que escapó a la capacidad explicativa de una sola cosmovisión no sólo filosófica sino también científica (Kuhn,1971, Prigogine, 2001, Morin, 1998).

La desembocadura de este río de progresiva complejidad es la afluencia a un mar de incertidumbres en donde por ello no puede haber ocultamientos de una verdad que no existe como tal, ni tampoco podrá haber, por tanto, capaces e incapaces de verla o descubrirla. En adelante por ello, tan sólo podremos aspirar a participar en el juego abierto, creativo, dialogante y comunitario de las interpretaciones de la realidad que nos rodea y que continuamente creamos y recreamos.

Pero esta incertidumbre, lejos de sumirnos en el derrotismo y pesimismo, es lo que como certeramente apunta Bauman (1999) nos abre a la esperanza, dado que la búsqueda humana de esa identidad escurridiza, nos termina haciendo cada vez más dependientes del otro al que necesitamos para poder construir la felicidad individual a través del bien común. En definitiva, necesitamos del otro para poder encontrar nuestra propia identidad, porque tan sólo nos reconocemos en la mirada del otro, como agudamente nos advierte Baudrillard (1977).

Para participar en este recreador juego de espejos y puesto que ya no poseemos verdades reveladas, necesitamos saber participar en la búsqueda de diálogo y de consenso. Y es aquí donde la ASC cobra todo su sentido y actualidad como *didáctica de la participación*. Es aquí donde la misión del animador adquiere actualidad e importancia en cuanto experto en la configuración de espacios y tiempos propicios a la participación y a la recreación en cuanto juego generador de propuestas, acuerdos y proyectos socioculturales compartidos y consensuados en la búsqueda de la felicidad y de la mejora de la calidad de vida de la comunidad.

Por ello, la tesis que mantendré a lo largo de estas páginas es que no puede haber Animación Sociocultural sin un conocimiento de cómo se enseña y se aprende a participar, tal y como advierte J. A. Caride (2006:328) cuando afirma:

> "En verdad servirá de muy poco que optemos por una Animación Sociocultural ética e ideológicamente comprometida, crítica y transformadora, si luego somos incapaces de entender cómo educan y se educan las personas y las comunidades y, por tanto, de cómo se puede facilitar su participación en las políticas y en las prácticas socioculturales".

Y es que nos hemos pasado más de medio siglo hablando de lo que debería o no debería ser la Animación Sociocultural, así que creo que ya va siendo hora de que nos empecemos a ocupar de lo que la ASC es en realidad. Durante todo ese tiempo hemos asistido impasibles a una ceremonia esquizofrénica en la que han discurrido de manera paralela y completamente disociados, por un lado, el discurso grandilocuente, retórico y desiderativo de la Animación proclamado reiterada y repetitivamente en congresos, ponencias y publicaciones; mientras que en la calle la práctica cotidiana de los animadores y animadoras desarrollan una ASC más modesta pero real al fin y al cabo.

Creo que la única manera de consolidar la ASC y hacerla avanzar es acercando el discurso teórico de la misma a la realidad de su práctica, para que aquel gane credibilidad y ésta consiga renovarse y reforzarse.

Hubo un tiempo en el que en el mundo de la ASC tan sólo existían los que "hacían pero no sabían de Animación", era la época (años 70-80 del pasado siglo) de los "intercambios de experiencias", foros de Animación Sociocultural a los que se acudía básicamente "a contar batallas". Luego con la conversión de la ASC en disciplina académica y entrada en las Universidades e Institutos, entraron en escena los que "sabían de Animación pero no la hacían" (años 90). Y hoy asisto atónito a muchos Congresos Internacionales sobre el tema en donde salen a la palestra sin rubor alguno los que "ni saben ni hacen", amparados en esa extraña convicción de que la Animación Sociocultural es como el fútbol: todo el mundo puede opinar aunque no se tenga ni idea. Por ello, creo que ha llegado el momento de alcanzar una alianza integradora entre los que hacen y los que saben, para olvidarse de los que no hacen ni una cosa ni otra, salvo desacreditarla y esterilizarla.

Esto no se puede conseguir sin una revisión a fondo de nuestra disciplina y de sus fundamentos y presupuestos sobre los que se ha asentado hasta ahora. En este sentido, la crítica al Paradigma Crítico, se torna imprescindible, no sólo porque permanece en la base de buena parte del discurso fundamentador de la ASC, sino también por un mínimo de coherencia, ya que como certeramente apunta Wildemeersch y reconoce Caride, citando a P. Demo: "la coherencia de la crítica está en la autocrítica", lo cual convierte a la lucha por la emancipación en un proceso indefinidamente inacabado y con permanente fecha de caducidad (Demo, citado por Caride, 2006:64).

Sin embargo, ninguno de estos autores lleva hasta sus últimas consecuencias sus propios argumentos que dejados a su propia dinámica recurrente, llevarían a invalidarse a sí mismos, incapacitándose con ello para la misma acción emancipatoria, al no pasar nunca de la fase previa de análisis o crítica de la realidad que se quiere transformar. En definitiva semejante proceso emancipatorio recuerda lo que le pasaba al "asno de Buridán" que terminó muriéndose de hambre incapaz de decidirse por cuál de los dos montones de heno empezar.

De este modo, el paradigma crítico corre el peligro de convertirse en una coartada para huir del rigor, del contraste o verificación y de las alternativas y propuestas concretas para responder e intentar solucionar los problemas analizados. Este subterfugio ha venido funcionando a lo largo de los años desde los mismos inicios de la Animación en la medida en que ésta no estaba suficientemente consolidada ni académica ni profesionalmente.

Durante todo este tiempo este vacío formal de la Animación se ha venido ocupando con retóricos y difusos discursos recurrentes a los mismos tópicos y adaptables a todo tipo de tema y circunstancia como si la ASC fuera una vaga entelequia aplicable a todo y solución para todo, cual "bálsamo de Fierabrás" o pócima mágica reducto y trinchera de última instancia de ideologías obsoletas y fracasadas históricamente. Mientras se olvidaba que, aunque la Animación Sociocultural tiene una clara dimensión política, no es Política, aunque comparte valores de diferentes ideologías, no es una ideología.

Parafraseando a Rancière (2010) en su alusión al arte, podemos trasladar su agumento a nuestro ámbito, afirmando que la política de la Animación Sociocultural nada tiene que ver con las preferencias políticas de los animadores. En un mundo tan complejo como el nuestro donde ni siquiera la política consigue transformar la realidad, ¿cómo podemos esperar que la Animación Sociocultural lo consiga?

Por tanto, la primera revisión que necesita la Animación es para resituarla en sus justos límites y posibilidades, evitando con ello ese sobredimensionamiento, esa sobrecarga de pedidos que ha venido sufriendo en un proceso inflacionario que Ander-Egg (1989) ya denominó en el pasado siglo "pananimacionismo".

Con la perspectiva histórica que nos ofrece el más de medio siglo de vida y andanzas de la Animación, podemos afirmar que donde realmente ésta funciona mejor es en las distancias cortas. La práctica de la Animación de todos estos lustros nos muestra cómo este modelo de intervención sociocultural, al estar basado en las relaciones grupales e interpersonales, manifiesta sus virtudes en el ámbito de lo *microsocial* y va decreciendo en eficacia a medida que su área de intervención se amplía por encima del "nº Dunbar", que es el máximo de personas –alrededor de 150 personas– con las que nuestro cerebro puede relacionarse de una manera cercana y directa, tal y como muestran las recientes investigaciones de Robin Dunbar. A partir de este número, las organizaciones tienen que crear jerarquías y subestructuras contribuyendo a generar una creciente burocracia que obstaculiza el funcionamiento y alcance de la Animación, centrada en el trabajo grupal y las relaciones interpersonales entre sus miembros.

Por tanto, una de las características que defenderemos como específicas de la ASC es su alcance limitado a lo microsocial, definiéndola como una metodología grupal de proximidad diferente a otros modelos de intervención social de mayor alcance vinculados al Desarrollo Comunitario o a las Campañas y Planes de Educación Popular y de Adultos con los que tradicionalmente se le ha venido relacionando a la Animación.

REFORMULACIONES PARA UNA NUEVA ÉPOCA

Para intentar superar los límites comentados a la hora de ofrecer un fundamento teórico a la Animación, hemos de retomar algunos de los presupuestos que he venido definiendo en anteriores páginas a partir del estado de nuestro conocimiento, los rasgos de nuestra actual sociedad y las características específicas de la Animación Sociocultural.

Para ello, me serviré además de las aportaciones de algunas recientes corrientes de pensamiento y autores aludidos, tales como Morin (1998) y sus aportaciones al Paradigma de la Complejidad, Bauman (1999, 2002a, 2002b) y sus análisis sobre la modernidad líquida y postmodernidad, Rancière (2002, 2010) y su análisis de las limitaciones del Paradigma Crítico y de sus tópicos aplicados al arte y a la educación, Rorty (2010) y su visión pragmática de la cultura y de la filosofía como política cultural, Habermas, y su Teoría de la acción comunicativa (1988, 1989), así como otros pensadores más clásicos inspiradores de los anteriores como Dewey (1952), Bloch (1980) y Gadamer (1977).

El punto de partida de mi propuesta se sitúa en el intento rortyano de superar la disyuntiva resumida por Habermas en *El Discurso filosófico de la Modernidad* (1989) para explicar la dialéctica que acompaña los dos últimos siglos de pensamiento filosófico (Rorty, 2010) entre:

- *El Racionalismo universalista* heredero de la más clásica tradición del pensamiento occidental (desde Platón hasta Rusell y Nagel pasando por Kant) que presupone la existencia de una verdad transcendental o razonamiento universal superior a los demás, reformulado y actualizado por Habermas su más relevante defensor actual. Y la otra orilla de pensamiento.

- El *Relativismo subjetivista o Irracionalismo* heredero del Romanticismo, desde Friedrich Schiller, (que viene a decir que los ideales –al igual que el sentido del que posteriormente hablará Lacan– no se descubren, hay que inventarlos) hasta el actual pensamiento posmoderno, pasando por Heidegger y Bergson, desde donde se proclama el relativismo epistemológico y la existencia de otras vías alternativas a la razón para acceder al conocimiento entendido como pura subjetividad.

Ante esta disyuntiva, Habermas opta por un camino intermedio pero defendiendo en última instancia la racionalidad, para salvar el Proyecto Ilustrado de la Modernidad (frente a sus compañeros de Escuela –Horkheimer y Adorno– que lo dan por fracasado o agotado) construyendo una teoría crítica de ésta que desvele sus deficiencias y proponga a la vez su reconstrucción y actualización con el fin de rescatar la racionalidad del subjetivismo e individualismo sin recurrir a planteamientos metafísicos, identificándola en síntesis con la búsqueda de un *acuerdo intersubjetivo*.

Para ello, Habermas necesita revisar el concepto clásico de razón y esto lo acomete a partir de una valiosa distinción entre dos tipos de razón:

- La *razón centrada en el sujeto*: ahistórica e inmutable, de carácter transcendental e incondicional.
- La *razón comunicativa*: histórica, construida y consensuada a través del diálogo y de la búsqueda de consenso.

La propuesta habermasiana preconiza el paso de la razón centrada en el sujeto a la que se llega de manera individual y por vía intelectual sin diálogo ni conversación alguna, a la razón comunicativa consensuada intersubjetivamente en y por la comunidad.

Sin embargo Habermas otorga al argumento surgido de esta razón comunicativa una validez intrínsecamente superior a todos los demás argumentos con el fin de salvaguardar la racionalidad propugnada por la Modernidad cuyo proyecto cree inacabado. De este modo, introduce la división entre los que tienen razón y los que no la tienen, entre los que están en posesión de la verdad y los que permanecen en el error, independientemente de contextos, culturas y situaciones. Este presupuesto es el que, trasladado a la educación (Rancière, 2002) y al arte (Rancière, 2010), permite descubrir la mayor incoherencia del Paradigma Crítico resultante, incoherencia que Wildemeersch (2012) también subraya en relación con la animación sociocultural. En definitiva el presupuesto del que parte Habermas y con él el Paradigma Crítico desarrollado en base a su teoría, es el de "la desigualdad de inteligencias", mediante el cual:

> "Se convierte al alumno, estudiante, aprendiz o espectador en un ser poco inteligente o menos inteligente con respecto al tema a tratar. Este paso inicial crea una jerarquía que instala una relación antidemocrática que a partir de entonces será muy difícil de superar" (Wildemeersch, 2012:45).

Este mismo presupuesto habermasiano es el que lleva a Rorty (2010), a subrayar así mismo su incoherencia al defender a la vez el carácter social de la razón y la existencia de una verdad universal superior a las demás. Algo que a todas luces, es contradictorio. En este sentido y una vez más, la Teoría Crítica no lleva hasta sus últimas consecuencias sus propios argumentos, dado que el reconocimiento de la sociabilidad de la razón lleva en última instancia a tener que reconocer su carácter histórico y por tanto relativo y contextual.

Para superar esta contradicción Rancière propone la atribución de la "igualdad de inteligencia" a todos los seres humanos, bien entendido que no se refiere a la noción cuantitativa de inteligencia (equivalente a saber mucho) sino a su sentido cualitativo más profundo, equivalente a capacidad poética de *traducción e interpretación de la realidad*, tal y como muy oportunamente aclara Wildemeersch (2012). Desde esta perspectiva, efectivamente todos los seres humanos son igualmente inteligentes en cuanto capaces de interpretar y reinterpretar la vida que les atañe. Con ello, el Paradigma Interpretativo o Hermenéutico con su principal valedor Gadamer a la cabeza, cobra protagonismo, de manera implícita en los planteamientos de Rancière y de Wildemeersch (2012:46) cuando vienen a afirmar que:

> "La igualdad no es el producto final del proceso (…) Todos los actores son en un primer momento capaces de involucrarse comprensivamente, de un modo u otro, con lo que se presenta en la clase o sobre el escenario. Todos ellos son traductores en potencia que traducen unos signos en otros. Que crean vínculos entre lo que ven, lo que escuchan y lo que se está haciendo (…) por un lado, no existe una 'teoría' que explique las cosas y por otro lado no existe práctica que se aprenda mediante lecciones teóricas".

En este sentido, se plantea la "igualdad de inteligencia" como punto de partida y no como punto de llegada, proponiendo en base a ello el paso de una "Pedagogía de la Revelación" propia del Paradigma Crítico a una "Pedagogía pobre o de la ignorancia" (Wildemeersch, 2012), más acorde con el estado de conocimiento y pensamiento actual propio de Sociedades complejas como la nuestra en donde las Neurociencias nos han descubierto la base emocional (y por tanto no racional) de nuestra cognición (Goleman, 2012), de nuestra inteligencia social (Morgado, 2010) y hasta de nuestro aprendizaje (Mora, 2013).

Para esta transición pedagógica más centrada en lo vivencial e inmediato que en sofisticadas pedagogías y tecnologías, lo más importante no son los conocimientos ni la construcción de grandes relatos, sino *un estilo y una actitud* que cree espacios de oportunidades y contextos grupales desde donde puedan emerger múltiples voces, insólitas interpretaciones y óptimas experiencias capaces de reconfigurar el orden existente y de aportar esperanza a nuestros anhelos. Pues bien,

> *Esta actitud humilde, abierta y creativa, este estilo participativo, inductivo y activo que interviene en y con la comunidad desde la inmediatez de lo próximo y que es capaz de generar experiencias óptimas emocionalmente intensas, que recrean nuestro mundo y alimentan nuestra esperanza a través de proyectos ilusionantes, es lo que nos ofrece la ASC.*

Por ello, a la ASC no le sientan bien (le caen muy grandes) los discursos grandilocuentes propios de las sofisticadas pedagogías cultivadas por expertos (inspiradas en el Paradigma Tecnológico), ni tampoco los grandes relatos iluminados e idealistas propios de las pedagogías críticas o "de la revelación". Sino que está mucho más en sintonía con la "Pedagogía de la ignorancia" de Wildemeersch o de la "de Pedagogía pobre" de Fenwick (cit. por Wildemeersch, 2012). Pedagogías ambas que a su vez se fundamentan en el pensamiento pragmático cuyo mayor y más actual representante es Richard Rorty (2010), heredero a su vez del gran filósofo y pedagogo Jonh Dewey (1995) a quien le debemos la más clarividente contribución a profundizar en la naturaleza activa y experiencial de la educación, así como en su contribución decisiva al desarrollo de la utopía democrática, tal y como muestran posteriores estudios al respecto (Guichot, 2003).

Por tanto es a partir de estos hilos como podremos tejer la red teórica, conceptual y metodológica de una Animación Sociocultural que responda a sus posibilidades y los signos de los tiempos. Esto conlleva superar la disyuntiva aludida entre el racionalismo universalista propugnado por la Modernidad y el irracionalismo relativista Postmoderno mediante la búsqueda de un equilibrio pragmático que acepte el consenso y el acuerdo intersubjetivo como *forma de racionalidad provisional compartida*, desechando el dogma, y permitiendo al mismo tiempo la novedad que surge del disenso y de la imaginación creadora. Con ello, no hacemos sino trasladar al ámbito de la Animación Sociocultural la pretensión de Rorty (2010:156-157) cuando responde a la dialéctica de Habermas (1989) entre modernidad y postmodernidad afirmando que:

> "El discurso relativo a la validez universal no es más que una forma de exagerar la necesidad de un acuerdo intersubjetivo, mientras que la pasión y la profundidad romántica no son sino simples modos de resaltar la necesidad de novedad, la importancia de ser imaginativos. (…) No debe permitirse que lo uno se eleve por encima de lo otro como tampoco ha de aceptarse que un planteamiento excluya a su contrario".

Este equilibrio entre consenso y novedad como alternativa al discurso maniqueo basado en el conflicto y la simplificación, responde perfectamente al equilibrio que la Animación Sociocultural mantiene entre su dimensión relacional e intersubjetiva (*animus*: poner en relación) generadora de acuerdos intersubjetivos y su dimensión creadora de sentido y significado (*anima*: dar vida o sentido).

A partir de aquí, la dimensión política de la Animación no estará en la voluntad de resaltar, agudizar o gestionar conflictos generados por el enfrentamiento de atribuciones de verdad excluyentes (perspectiva crítica centrada en la divergencia), sino en el compromiso de allanarlos a través de la conversación, la imaginación creadora y las interpretaciones compartidas (no enfrentadas) en pro de la convergencia (perspectiva pragmático-hermenéutica).

Esta propuesta, requiere revisar y redefinir las prácticas socioculturales críticas y emancipadoras a la luz de la complejidad de nuestra actual sociedad, una época en la que las Cosmovisiones, los Grandes relatos y las Verdades Universales (aportadas primero por la Teología, luego por la Filosofía y finalmente por la Ciencia) han ido declinando sucesivamente a lo largo de la Historia, hasta llegar a una época en donde la Ciencia como afirma Kuhn (1971) ha pasado de concebir su tarea como la resolución de un puzzle, a *ir resolviendo las anomalías y los problemas a medida que vayan presentándose*, reconociendo humildemente tal y como nos enseña la Historia del Pensamiento y de la Ciencia lo que también nos apunta Rorty (2010: 164):

> "Creemos que la investigación no es más que un sinónimo de lo que llamamos 'resolver problemas', y somos incapaces de imaginar que la indagación relativa al modo en que deban vivir los seres humanos, a lo que debamos hacer con nuestras vidas, pueda tener un fin. Y ello porque las soluciones a los viejos problemas no pueden sino generar problemas nuevos, y esto indefinidamente".

De este modo y parafraseando a Dewey (1952) la verdad es simple y llanamente *lo mejor que se tiene para creer*. Las creencias se convierten en verdad cuando superan el veredicto social e histórico, sobreviviendo al *tiempo:*

> "Las atribuciones de realidad o verdad no son sino otros tantos cumplidos obsequiosos que hacemos a aquellas entidades o creencias que han superado la prueba del tiempo, ofreciendo contraprestaciones y demostrando su utilidad, quedando de este modo integradas en las prácticas sociales aceptadas" (Rorty, 2010: 27).

DE LA ANIMACIÓN POLÍTICA A LA POLÍTICA DE LA ANIMACIÓN

A partir de lo anterior, la Animación adquiere una relevancia añadida a su ya de por si importante función socioeducativa, al convertirse en un *laboratorio de ideas y significados compartidos en torno a un proyecto sociocultural*, destinados a ser generados y seleccionados por el grupo en un primer momento, para después ser ofertados a la comunidad para su validación o refutación social. Esta es la auténtica dimensión política de la Animación al convertirse en una escuela de ciudadanía y de democracia. La Animación Sociocultural se muestra así como una didáctica de la participación, para *aprender a movilizarse y tomar parte activa (animus) en este proceso interpretativo y recreador de sentido (anima)*.

Esta misión, exige al animador desempeñar una tarea propedéutica, exploratoria y heurística tanto en la generación de proyectos como en la búsqueda de acuerdos.

Una tarea ésta, incompatible con posturas doctrinales y dogmáticas muy en boga en los primeros tiempos de la Animación concebida como acción política en donde al animador se le presuponía que fuera "un militante" más que un profesional.

Con el paso de siglo y de milenio los tiempos han cambiado, nuestras sociedades se han complejizado y la Animación sociocultural se ha profesionalizado, haciendo necesaria una reformulación de sus fundamentos a la luz de las nuevas demandas y nuevos retos sociales que se les plantean a los nuevos profesionales de la animación a los que se les requiere una actitud humilde y honesta, éticamente comprometida no tanto con una determinada opción política cuanto con la creación democrática y pluralista de espacios abiertos a la conversación entre diferentes enfoques, opiniones y propuestas. Esto no quiere decir que el animador no tenga sus propios posicionamientos ideológicos y políticos (sería preocupante que no los tuviera) pero éstos no han de interferir en la búsqueda del grupo para y con el que trabaja y en las opciones ideológico-políticas que sus miembros han de asumir libremente, a través de dicho aprendizaje.

En este sentido, la dimensión política de la ASC no es partidista ni doctrinaria, sino simple y llanamente democrática, ya que su misión consiste en enseñar a las personas a participar en el ágora pública de su comunidad a través de proyectos culturales de su elección que les permitan recrear e interpretar libremente las diferentes opciones bajo un enfoque crítico no sólo con las condiciones de la sociedad, sino también –y en esto se diferencia del paradigma crítico estándar– con la capacidad del animador para mostrar el camino de su mejora (Ventosa, 2013:108).

En definitiva la ASC no es neutra, porque su finalidad es enseñar a la gente a participar en su entorno sociocultural, a implicarse, a tomar partido, y esto plantea indudablemente una clara dimensión política que opta por la actitud activa y participativa del ciudadano, frente a actitudes pasivas y meramente consumistas. La animación sociocultural toma partido abiertamente por la ciudadanía activa del sujeto frente a la manipulación de las masas (Ortega y Gasset, 1983). Pero esta meta en los actuales sistemas democráticos de nuestro entorno, se puede intentar conseguir a través de diversas opciones políticas e ideológicas. La única base política radical de la que parte y a la que aspira la ASC es la Democracia Cultural y tanto la constatación histórica de su más de medio siglo de evolución, así como la experiencia de los que llevamos otro tanto ejerciéndola, nos demuestra que existen diversos caminos para llegar a dicha meta, todos ellos igualmente lícitos en la medida en la que sean democráticos en sus principios y en su implantación.

Lo mismo que afirmamos de la ASC se aplica a sus agentes. No es misión de los animadores socioculturales hacer política sino capacitar y habilitar a la gente para que la ejerza como cada cual crea oportuno. El animador profesional no debe adoctrinar, sino empoderar. Su ámbito de intervención no es el político sino el educativo y cultural. El compromiso primero que ha de tener un profesional de la animación es el de hacer bien su trabajo, ser un profesional competente de la motivación y de la participación, enseñar a la gente a organizarse a través de proyectos socio-culturales libremente elegidos por ellos que les hagan más felices, más autónomos y más comprometidos con su entorno.

Es alrededor de este eje donde ha de girar la deontología del animador sociocultural profesional y no tanto en la militancia de una determinada causa política o ideológica. Todos los demás compromisos ideológicos que adopte a mayores (religiosos, políticos o sociales) los asume personalmente como ser humano más o menos comprometido con su mundo, pero no necesariamente en razón de su compromiso profesional con la animación sociocultural.

Con ello, el sentido y compromiso crítico del animador en todo este proceso, lejos de anularse o diluirse, se resitúa y sobredimensiona, pasando de ser el *animador iluminado* portador de una verdad que ha de revelar al pueblo o comunidad a través de un proceso de concienciación dirigida en pos de una emancipación final del ser humano, a un *animador iluminador, cultivador de sentido,* estimulador de preguntas (no dogmáticas, ni siquiera magistrales, sino formuladas todas ellas sobre la marcha de la propia actividad sociocultural en términos de retos y desafíos) y provocador de propuestas (no abstractas, sino concretas traducidas a acciones atractivas) capaces de involucrar a un colectivo en el desarrollo de un proyecto sociocultural que alimente su esperanza, extraiga sus potencialidades y aporte experiencias intensas de felicidad que contribuyan a mejorar su calidad de vida.

En conclusión, esta revisión no pretende abocar a posturas nihilistas ni mucho menos escapistas respecto del compromiso de la animación y de los animadores para con la mejora del mundo que nos rodea. Tan sólo resitúa ese compromiso y la capacidad crítica que lo acompaña, sin caer en maniqueísmos, simplificaciones y falacias antinómicas. Este giro que propongo, pasa redefinir las prácticas socioeducativas críticas planteando la emancipación como punto de partida y no como punto de llegada o resultado de un largo proceso.

Para ello, la Animación parte de lo concreto, inmediato y experiencial (una actividad deseada, un reto lanzado al ruedo, una convocatoria impactante, una provocación…) e interviene en contextos de proximidad en donde las relaciones del grupo o de la comunidad destinataria son lo suficientemente directas y cercanas como para generar vínculos socio-afectivos intensos en torno a un proyecto sociocultural compartido, generador de nuevas relaciones, experiencias y entendimientos.

A los animadores y animadoras les compete, en consecuencia, una función estratégica, hermenéutica y heurística. Dejan de ser militantes de consignas o pastores de la verdad para convertirse en *cultivadores de sentido*, sabedores de que toda crítica e incluso auto-crítica, se hace inevitablemente desde un sujeto determinado por una cultura, una tradición, una educación, unos intereses y un lenguaje determinado. Conscientes de que la cohesión social buscada por Habermas y su Teoría Crítica, no se consigue con grandiosas teorías, ni pretendidas y pretenciosas verdades universales, sino con el cultivo de valores útiles tales como la solidaridad, el amor, el sentido de comunidad o la búsqueda de la felicidad compartida (Cruz, 2002).

Esta construcción de sentido (lo que denomino como el "anima" de la animación) sólo se puede conseguir de una manera compartida, tal y como nos ha mostrado la filosofía del lenguaje desde Wittgenstein y su tesis del intercambio social como base del lenguaje y del conocimiento, hasta Davidson y su afirmación de que la comunicación con los demás (y no el individuo aislado como afirmaba el "cogito" de Descartes) define la realidad.

Ante esta situación, el *anima* o búsqueda de sentido de la Animación sólo se puede conseguir a través del *animus* o puesta en relación con los demás. Ambas dimensiones son por tanto complementarias e inseparables en la Animación Sociocultural y constituyen las dos funciones básicas del animador en cuanto *provocador de sentido* mediante el planteamiento de iniciativas colectivas y proyectos ilusionantes (anima) y *generador de participación* mediante la creación de un clima grupal propicio para llevarlas a cabo (animus).

Hasta aquí mi propuesta y fundamentación teórica. Más adelante me detendré con mayor concreción en estas dos funciones fundamentales de los profesionales de la animación.

UNA NUEVA ANIMACIÓN PARA ENSEÑAR A PARTICIPAR EN EL S. XXI

Es por tanto bajo la reformulación de sus tradicionales presupuestos que cobra todo su sentido y valor la Animación Sociocultural como estrategia generadora de espacios de encuentro y convivencia entre visiones y propuestas diferentes, que pone el acento en el *qué queremos* (tal y como proponen Ortega y Gasset y el mismo Rorty) en lugar del qué debemos (Rorty, 2010), que propugna la unidad en la acción ("Anima-acción") por encima de la diversidad en las ideas, tal y como preconizaban Vicente Ferrer y Teresa de Calcuta desde su compromiso solidario o Deng Xiaoping, desde su revolución política en su memorable frase popularizada, entre otros, por Felipe González: "qué importa que el gato sea blanco o negro, lo importante es que cace ratones".

Entre la pretendida objetividad del realismo modernista y el subjetivismo desencantado del postmodernismo, la ASC se presenta como una *escuela de ciudadanía generadora de intersubjetividad* a través de la implicación de un grupo en un proyecto sociocultural solidariamente compartido que sabe que la realidad "está ahí fuera" y aunque pueda ser más o menos independiente y externa, está determinada por nuestro lenguaje (tal y como muestra la Filosofía Analítica y del Lenguaje de Wittgenstein hasta Davidson) y por nuestra práctica (tal y como nos muestra el pragmatismo desde James y Dewey hasta Rorty) y como tal, estamos obligados a entendernos y a comprometernos con la acción para poder lograr el acuerdo intersubjetivo generador del sentido de nuestra vida y de nuestra sociedad.

Al no existir un ojo externo o punto arquimédico común a toda la humanidad, fuera del sistema desde el que evaluar todos los sistemas, lo único que nos cabe es la *construcción de un espacio compartido* en donde todos ellos puedan coexistir y competir guiados por el compromiso solidario y la *compasión por los demás* (en su sentido más literal de "pasión compartida"), como bases éticas útiles y necesarias para aspirar al consenso y al acuerdo.

Esta misión es la que, le compete a la Democracia como certeramente subraya Dewey (1995) y la Animación Sociocultural es el medio didáctico para enseñar a los ciudadanos a explotar todas sus posibilidades, en la certeza confirmada por la historia de que lo que mantiene unidos a los pueblos no son sus ideologías o creencias (a menudo fuente de todo lo contrario, como lo demuestran los actuales conflictos religiosos y étnicos de nuestro mundo) sino sus comunes esperanzas y sus vocabularios compartidos.

En este sentido, la Solidaridad no equivale a compartir una verdad ni una meta, sino un mismo proyecto. Desde esta perspectiva, ser solidario, lejos de ser un gesto puntual, es compartir una ruta, acompañar en el trayecto, caminar juntos. Por ello el auténtico solidario es el "compañero" (del latín vulgar: "compan-io" "el que comparte su pan"). De este modo, en una época en la que las ideologías y dogmas declinan, es el *Nosotros* lo único capaz de unirnos, ese mínimo común denominador que mueve a los actuales movimientos ciudadanos de todas las edades, transnacionales y globalizados a salir a la calle para reivindicar *"Lo nuestro", nuestro pan*. Una reivindicación más modesta que las viejas utopías, pero más accesible y realista.

En este contexto, es donde más sentido cobra la meta de la Animación Sociocultural: *enseñar a vivir en comunidad compartiendo proyectos liberadores de las capacidades de los individuos*. De este modo, la Animación sustituye la idea de emancipación propuesta por el Paradigma Crítico y sus Pedagogías corolarias, por el concepto del "Nosotros" (Rorty, 2010) mucho más inclusivo y democrático, frente a las connotaciones jerárquicas, maniqueas y excluyentes del primero (Wildemeersch, 2012).

De este modo, la meta de la Animación Sociocultural, coincide plenamente con la utopía democrática de la que habla Dewey (1970) (Cit. por Rorty, 2010:82):

> "La gobernación, los negocios, el arte, la religión, todas las instituciones sociales tienen (...) un propósito: liberar las capacidades de los individuos.(...) La prueba de su valor nos la da la medida en que educan a cada individuo a fin de que alcance el pleno desarrollo de sus posibilidades".

De igual modo, la prueba del valor de la Animación Sociocultural estará en el grado en que consiga educar al individuo para hacerle capaz de alcanzar el pleno desarrollo de sus posibilidades.

Así, la función básica del animador se diferencia de la función docente tradicional al modo del profesor que imparte información, contenidos conocimientos al educando. Sino que el proceso es más bien el inverso, ayuda a *extraer del sujeto todo lo mejor que éste tiene dentro de sí* a base de compartirlo con los demás miembros del grupo con el que quiere realizar un determinado proyecto sociocultural. El oficio del animador y de la animadora sociocultural, en este sentido tiene más que ver con la matrona y la partera que con el maestro o el docente.

Pero para poder realizar esta transición, necesitamos realizar *tres grandes cambios.*

- El primero supone pasar *de una Cultura de la confrontación y del conflicto* basada en la pretensión de superioridad de un argumento sobre los demás, *a una Cultura de la conversación y del diálogo.* En este sentido, como también constata Rorty, la hemenéutica de Gadamer (1977) nos permite realizar este tránsito sin traumas, siendo al mismo tiempo la más idónea para enfrentarse al reto de pensar la Complejidad en diálogo con otros Paradigmas.

- El segundo tránsito necesario es el que reivindica el papel y la *importancia de la Emoción frente a la hegemonía dada hasta ahora a la Razón* a lo largo de toda nuestra Historia del Pensamiento y de la Cultura Occidental. Este es otro de los mitos del Pensamiento Moderno y de la Teoría Crítica que lo defiende, que es necesario revisar a la luz de los conocimientos actuales y del papel de la Animación Sociocultural como generadora de experiencias socio-afectivas emocionalmente intensas capaces de incrementar la felicidad de las personas compartiéndola con los demás miembros del grupo o de la comunidad.

Por ello, dice Rorty que Habermas es el pensador contemporáneo menos dispuesto a desdibujar la frontera entre la razón y la emoción, que es lo mismo que decir que es el más reticente a romper la línea divisoria que ha separado hasta hace poco la validez universal y el consenso histórico. Sin embargo buena parte de sus colegas contemporáneos, no están tan seguros de ello (Rorty, 2010:90).

Pero no sólo es la Filosofía actual la que pone en cuestión la separación entre razón y emoción. También los últimos avances de las neurociencias vienen a invalidar la tesis de Habermas al poner en evidencia la íntima conexión entre razón y emoción hasta el punto de afirmar que es la emoción la que determina a la razón y no al revés como hasta ahora se creía (Mora, 2013, Goleman, 2012, Morgado, 2010, Damasio, 2013).

La ASC, fue pionera en el descubrimiento de la primacía de la emoción como vía de conocimiento y aprendizaje, dado que su metodología de trabajo se basa en la creación de espacios y tiempos afectivo-emocionales intensos y diferentes a las coordenadas espaciotemporales formales y rutinarias en donde se desenvuelven los contextos educativos normalizados. En este sentido, la Pedagogía del Ocio da cuenta de esta característica diferencial de uno de los ámbitos más importantes de la Animación como es la educación en el tiempo libre (Puig y Trilla, 1987).

La primacía de la emoción, de este modo, juega un papel fundamental no sólo en el conocimiento sino también en el comportamiento humano, llegando en la actualidad a postularse como fuente y origen de la Moral, en contraposición al imperativo ético kantiano de corte racionalista (Damasio, 2013, Haidt, 2012).

En este sentido, la moralidad no arrancaría de una obligación que se impone de manera absoluta a la naturaleza del ser humano al modo kantiano, sino como dice Rorty, *de una relación de confianza recíproca* (2010:90-91). De este modo la moralidad y los valores asociados a ella progresan en la medida en que progresa y se expande el círculo del "Nosotros". Este principio moral a mi entender tiene su base en la moral cristiana basada en una relación de confianza recíproca con Dios encarnado en los demás.

- Con ello, tendríamos definida la tercera transición imprescindible para acometer la revisión teórica de la Animación a la luz de la propuesta aquí descrita: el paso *de una ética universal y abstracta a una moral de confianza recíproca, histórica y concreta*, expresión de cada contexto cultural y comunitario.

En razón de lo dicho, podemos afirmar que la ASC es una escuela de moralidad, en cuanto ámbito en donde se enseña a "vivir-con" los demás (convivir) y "partir-con" los demás (compartir) ampliando de este modo el círculo de "lo nuestro". De este modo, la ética de la Animación Sociocultural se basa en una *moral de proximidad*, concreta, encarnada en el grupo (nosotros), frente a una Ética kantiana grandilocuente, imperativa y abstracta propia de la Modernidad apuntalada por Habermas. Del yo absoluto, objetivado y sustancial de Kant (y retomado por Hegel y Marx a través de quienes pasa a la Teoría Critica de Habermas) pasamos al "yo narrado" del que habla Dennett (2012), a través del cual la Animación (su anima) se convierte en una estrategia intencional que da sentido a un proceso grupal aleatorio y predecible a la vez, histórico-narrativo y el animador, por tanto se transforma en un narrador o *cronista de historias colectivas* compartidas en torno a un proyecto sociocultural.

En definitiva, desde esta perspectiva, la moral se asemeja a un "manual de instrucciones para vivir bien" o a "un breviario de las prácticas sociales que los seres humanos nos damos para vivir en comunidad" (Rorty, 2010:92). En síntesis:

- *Cultura de la conversación* frente a la del conflicto.
- *Primacía de la emoción en el acceso a la razón* frente a la hegemonía y autonomía de ésta.
- *Moral de confianza recíproca* frente a una ética imperativa universal y abstracta.

Estos son los tres pilares que propongo sobre los que reconstruir el nuevo edificio teórico de la ASC en cuanto didáctica de la participación, a partir de la revisión del paradigma crítico que lo sustentaba hasta hora. Un edificio que concibe la ASC como:

> *Un proceso que parte de la divergencia de intereses de los sujetos concernidos o convocados, para llegar a la convergencia en torno a un proyecto compartido del que brote la emergencia en forma de nuevos sentidos, experiencias y significaciones que cuestionen el orden existente y propongan o recreen nuevas reconfiguraciones del mismo.*

En esto radica la más genuina dimensión política de la Animación, no tanto en transformar la realidad (una realidad al fin y al cabo objetivamente incognoscible, convenida, ubicua y evanescente), cuanto en *reinterpretarla* y recrearla transformando nuestras relaciones con ella mediante la capacidad para crear contextos y oportunidades grupales en donde poder experimentar nuevas experiencias, establecer nuevas relaciones y redefinir otras maneras de abordarla.

Para ello, es necesario invertir el principio y el final de todo este proceso, de manera que la verdad o el sentido no sean presupuesto de partida sino resultado final, y la capacidad emancipatoria de sus miembros (entendida como "igualdad de inteligencias" utilizando la ya referida expresión de Rancière) no sea el punto de llegada al que hay que reconducir al grupo sino la condición igualitaria entre todos sus miembros desde la que se parte.

De este modo, la apuesta por el "nosotros" desplaza al desiderátum de la emancipación, en donde la misión fundamental del animador no es la de iluminar o emancipar al grupo sino la de enseñar a sus miembros a vivir en comunidad compartiendo proyectos socioculturales liberadores de sus potencialidades expresivas, interpretativas y reconfiguradoras del orden existente.

Para conseguir esta meta es necesario aprender a participar, razón por la cual a continuación reivindicaré la Animación Sociocultural como Didáctica de la participación desarrollando las bases sobre las que construirla.

© narcea s. a. de ediciones

3/ BASES PARA UNA DIDÁCTICA DE LA PARTICIPACIÓN

Una vez revisada y reformulada la fundamentación teórica de la Animación Sociocultural con la que he intentado delimitar el *"qué"* y el *"para qué"* de la misma, hemos de abordar el *"cómo"*. Para ello necesitamos retomar la afirmación con la que concluía a modo de recapitulación el análisis anterior. Sostenía que la misión fundamental del animador es la de *enseñar al grupo a vivir en comunidad compartiendo proyectos liberadores de las capacidades de los miembros.*

Ahora bien, esto ¿qué conlleva? O para decirlo de una manera más explícita: ¿qué se requiere de la Animación Sociocultural para enseñar a los miembros de un grupo a vivir en comunidad compartiendo proyectos?

Podemos empezar retomando lo básico: para aprender a vivir en comunidad hay que saber participar. A esta conclusión a la que hemos llegado por vía teórica, también podemos llegar por una vía empírica. No en vano, si tuviéramos que extraer a partir del estudio comparado de las múltiples y diversas concepciones y experiencias de ASC analizadas a lo largo de más de 50 años, su "mínimo común denominador" éste sería el que todas ellas, de una u otra manera, tienen como finalidad *enseñar a participar.*

Es por ello que podemos plantear y entender la Animación Sociocultural como una Didáctica de la Participación:

> *Un tipo de educación (social) que aporta una determinada manera de motivar y enseñar a participar, mediante la implicación de los destinatarios en la realización de proyectos socioculturales de su interés, con el fin de liberar sus capacidades.*

Lo que sigue a continuación, por tanto, va dirigido a sintetizar cuáles son los principales componentes teóricos y metodológicos que en mi opinión permiten contemplar la ASC como una *Didáctica de la Participación*.

La primera premisa de la que hemos de partir es de tipo conceptual intentando delimitar los conceptos centrales de nuestra propuesta como base del modelo que posteriormente expondremos. Para ello intentaré analizar brevemente el significado de lo que entenderemos por Didáctica, relacionándola seguidamente con la noción y naturaleza de la Participación, para concluir fusionando ambos conceptos en la consideración de la ASC como una Didáctica de la Participación.

Delimitar el concepto de Didáctica, conlleva una dificultad de partida, habida cuenta de la divergencia existente entre las múltiples definiciones dadas al respecto no tanto respecto de su objeto, cuanto en relación a su naturaleza epistemológica: unos la definen como ciencia (Titone, 1981), otros como tecnología (Benedito, 1987) y los más desde una perspectiva más genérica y pragmática la denominan *disciplina pedagógica* (Mattos, 1997), algo –esto último– que nos puede servir como punto de partida, dado que la Didáctica (al igual que la ASC) es un campo sistematizado de estudio o rama del conocimiento que se investiga y enseña (disciplina=discipulus).

Y esta disciplina tiene por objeto de estudio (aquí sí hay acuerdo) los procesos de enseñanza y aprendizaje. De lo que se deduce que la Didáctica se ocupa de "los medios o procedimientos" más adecuados para dirigir de la manera más eficiente posible el proceso de enseñanza-aprendizaje. A esta dimensión instrumental básica que tiene la Didáctica General hay que añadir los contenidos específicos que le aportan las Didácticas Especiales, es decir los contenidos de enseñanza que hay que aprender en cada caso.

Pues bien, la tesis que defiendo es que uno de estos contenidos de enseñanza-aprendizaje es precisamente el que se trabaja desde la ASC, de tal forma que si la Didáctica General trata de "cómo enseñar", la ASC podemos decir que trata de "cómo enseñar a participar". En este sentido, *la ASC sería una Didáctica Especial que se ocupa de estudiar, desarrollar y aplicar los procesos de enseñanza-aprendizaje que se producen en contextos organizados de relación grupal y comunicación intencional dirigidos a motivar y enseñar a participar.*

Una vez definida la naturaleza didáctica de la ASC, nos queda analizar las características del objeto de dicha didáctica.

Para ello hemos de partir de la consideración de la participación no como algo innato (aunque sí parece innata la sociabilidad humana que la hace posible y necesaria) sino adquirido. Es decir, la participación es necesario enseñarla para poderla aprender. Y además para que éste aprendizaje se consolide y transfiera, requiere de una metodología procesual y progresiva, motivadora y activa. Porque a participar sólo se aprende participando y además de manera gradual, de forma que el sujeto reciba refuerzos inmediatos ante los primeros avances –por pequeños que éstos sean– que le preparen para pasos futuros cada vez más exigentes y le vacunen para no venirse abajo ante posibles fracasos.

Para responder a este reto, me referiré a la ASC no sólo como una de las modalidades más idóneas de intervención socioeducativa, sino sobre todo como aquella metodología activa, motivadora y comunitaria más eficaz para *aprender a participar en grupo mediante el desarrollo de proyectos socioculturales libremente elegidos por ellos orientados a facilitar su integración en la comunidad aportando a la misma elementos de mejora de la calidad de vida.*

Es en razón de ello que *podemos definir la ASC como una didáctica de la participación.* Ambos conceptos –animación y participación– se relacionan estrechamente ya que tienen una misma dimensión ambivalente y se componen de tres dimensiones (la educativa, la social y la cultural) que explican sus respectivas virtualidades.

La ambivalencia de la Animación, merced a la cual podemos considerarla como un proceso instrumental de carácter relacional (función relacional o animus=poner en relación) y también como una meta orientada a conseguir la autonomía y la autoorganización de un colectivo (función productiva o anima = dar vida, sentido), se reproduce también en la participación al considerarla:

- *Un Medio:* Como *habilidad instrumental* se entiende la participación como *participar para algo.* En esta perspectiva ponemos el acento en el para qué de la participación. De este modo afrontamos la participación como un medio para conseguir determinados fines. Lo que importa en definitiva no es tanto la participación como tal, sino su finalidad. En este sentido, cuando la finalidad es formativa, hablaremos de la *formación participativa*.

- *Un Fin:* La participación también puede ser una *valor en sí mismo* que implica protagonismo, responsabilidad y autonomía (ser participativo= ser autónomo, responsable y solidario). Desde este enfoque consideramos la participación como un valor, algo valioso en sí mismo, algo digno de aprecio. En este caso, el acento se pone en la participación como un valor objetivo, antropológicamente consustancial a la naturaleza de un ser humano libre, autónomo y responsable, es decir, como un fin en sí mismo. Aplicado al ámbito formativo hablaremos entonces de *formación para la participación*.

En cuanto a las tres dimensiones básicas de la animación (cultural, social y educativa), estas dimesiones también se ven reflejadas en la participación:

- La *dimensión educativa representa el referente formal de la participación*: participar supone un proceso de enseñanza-aprendizaje con una serie de pautas que es necesario discernir para poder aplicar. Es, por ello, el vector transversal y temporal de nuestro modelo de animación.
- La *dimensión social representa el referente espacial de la participación*: aporta el marco contextual y estratégico a través de lo que podemos llamar las fases, grados o niveles de participación y constituye el vector vertical de la misma.
- La *dimensión cultural o referente material*: la participación requiere de un contenido que la materialice y oriente. Se participa en algo y para algo a través de determinadas actividades creativas, lúdicas, asociativas. Representa la objetivación o materialización de las dos dimensiones anteriores en una acción o conjunto de acciones que denominamos proyecto y por ello es el vector resultante.

De este modo podemos sintetizar el proceso completo del aprendizaje de la participación afirmando que:

> *Aprendemos a participar, realizando acciones/proyectos, gradualmente, a partir de un determinado contexto*

A partir de aquí, expongo en el gráfico 3.1, el modelo de participación en el que me basaré para fundamentar y desarrollar mi propuesta didáctica.

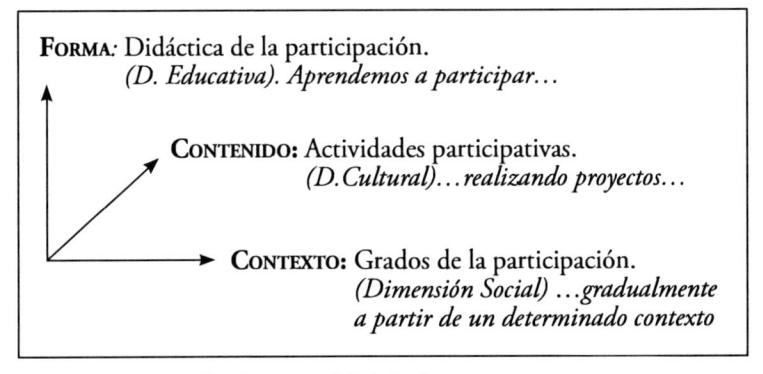

FORMA: Didáctica de la participación.
(D. Educativa). Aprendemos a participar...

CONTENIDO: Actividades participativas.
(D.Cultural)...realizando proyectos...

CONTEXTO: Grados de la participación.
(Dimensión Social) ...gradualmente a partir de un determinado contexto

Gráfico 3.1. *Modelo de participación*

A través de las siguientes páginas me dedicaré a describir los aspectos que creo más relevantes de cada una de estas tres dimensiones, con el fin poder contribuir a fundamentar una teoría, metodología y práctica de la participación suficientemente consistente y explicativa como para poder servir de base a futuros desarrollos y aplicaciones tanto en el campo formativo como profesional. Para ello, me centraré especialmente en definir ciertos rasgos característicos y patrones de actuación comunes y generalizables a cualquier tipo de participación con grupos, independientemente de edades, contextos socioeducativos y modalidades de intervención.

Todo ello espero que contribuya al desarrollo de un modelo didáctico de la participación que ayude a la vez a delimitar y definir el objeto de la ASC, evitando la secular disparidad e imprecisión de esta disciplina a la hora de fundamentar y delimitar su objeto y su práctica, teniendo en cuenta que los conocimientos didácticos –como afirma Parcerisa (1999:8)– al igual que los procedentes de la ASC, no pueden proporcionar prescripciones de validez universal, pero sí pueden aportar recursos de análisis y protocolos para la acción.

¿QUÉ ENTENDEMOS POR PARTICIPACIÓN? SIGNIFICADOS, DIMENSIONES Y ENFOQUES

Para poder enseñar a participar, en primer lugar es necesario definir este concepto. A tal fin, partiré de una definición genérica, integral y funcional de la participación, huyendo de formulaciones abstractas y parciales o escoradas, para intentar detectar los componentes y características esenciales de la misma. Una vez logrado esto, podremos acercarnos a las diferentes acepciones conforme a las cuales se utiliza y aplica este concepto especialmente en el ámbito socioeducativo y cultural.

El punto de partida de sentido de concepto de participación lo encontramos en su etimología latina en la que encuentra su origen: participatio/onis, "tomar parte". Sin embargo, tanto el Diccionario de la Real Academia Española como el de Maria Moliner añaden a este sentido etimológico otros tres significados que enriquecen el concepto, aportando interesantes matices a nuestro tema.

Significados de la participación

- *Implicarse:* este significado refuerza y profundiza en el ya señalado de "tomar parte en algo" en el sentido de "ser de los que hacen" como muy sutilmente detalla Maria Moliner. He aquí, la primera caracterización y más importante del sujeto participativo como aquel *que actúa* frente a los sujetos pasivos que no actúan. El primer rasgo definitorio de la participación, por tanto es *la acción*. Esta primera conclusión nos será fundamental a la hora de caracterizar el tipo de aprendizaje al que pertenece (procedimental) como veremos más adelante.

- *Compartir:* el segundo rasgo definitorio de la participación es su dimensión social. Se aprende a participar *en grupo*. El grupo, por tanto, es el ámbito, espacio o contexto de aprendizaje necesario de la participación.
- *Comunicar:* el tercer rasgo caracterizador de la participación es la *interacción* con los demás. La dimensión relacional y comunicativa de la participación, en consecuencia, también habrá que tenerla en cuenta a la hora de diseñar una didáctica de la participación.

Si ahora integramos los anteriores significados en uno solo, podremos acceder a otro nuevo, producto, en cierto modo, de los demás. Me refiero al de *"asociarse"*, del que también dan cuenta las fuentes citadas y al que dedicaremos un apartado en especial dada su importancia desde el punto de vista socioeducativo. Dicha importancia llega hasta el punto de identificarse en muchos casos la participación con el asociacionismo.

Dimensiones y enfoques de la participación

Este primer acercamiento al concepto de participación, nos advierte de la diversidad de enfoques desde los que podemos analizarla en función de una serie de variables.

- Atendiendo al *tipo de participación*, podemos distinguir la participación *directa* de la *indirecta* o representativa.
- Si atendemos a los *niveles o grados de participación*, nos encontramos con que la participación no tiene un valor discreto sino continuo, ya que ésta tiene carácter gradual y admite valores intermedios. De este modo, como veremos más adelante, podemos diferenciar una participación: *informativo-asistencial,* en donde la participación es meramente receptiva y limitada a recibir y analizar información; *consultiva,* la participación no sólo es receptiva sino propositiva al estar abierta a la valoración y presentación de propuestas, aunque éstas no implican compromiso de cumplimiento; *decisiva,* la participación es activa al incluir la toma de decisiones en ella; y *ejecutiva,* supone el máximo nivel de participación al incluir no sólo la toma de decisiones, sino también la ejecución y gestión de las mismas.

- Finalmente, atendiendo *al contenido de la participación o ámbito donde se ejerza*, nos podemos encontrar con una participación Social, Política, Educativa, Económica, Cultural… con sus consiguientes derivaciones y combinaciones.

En razón del tema de este libro, nosotros nos centraremos en la participación Social y Cultural.

FUNDAMENTOS PSICOPEDAGÓGICOS: MODELOS, TEORÍAS Y RECURSOS DIDÁCTICOS PARA LA PARTICIPACIÓN

Una vez definido el alcance y significado del concepto de participación del que partimos, ya podemos aproximarnos a la siguiente cuestión vinculada a nuestra investigación didáctica: intentar descubrir cómo se aprende esta habilidad. Dado que la participación es una acción, podemos comenzar conviniendo en que, en principio, su aprendizaje pertenece al ámbito de las destrezas. Por tanto, el aprendizaje de la participación tiene que vérselas fundamentalmente con contenidos no tanto conceptuales sino procedimentales.

Un procedimiento consiste en un conjunto de secuencias de actos o tareas ordenadas a un fin. En nuestro caso, dicho fin consiste en *implicarse o tomar parte en algo y con alguien de manera activa*.

El aprendizaje procedimental se suele asociar a dos tipos de aprendizaje que sin embargo para nuestro tema conviene distinguir: el aprendizaje de destrezas y habilidades psicomotrices y el aprendizaje de procedimientos (Nieto, 2011:193). El primer tipo de aprendizaje es un hacer determinado y procede a través de sucesivas aproximaciones y correcciones a través del método de ensayo-error, hasta que lo aprendido se automatiza, momento en el que pasa a ser un saber implícito (inconsciente). Pero el aprendizaje de la participación, es más amplio y complejo que la mera ejecución de determinados movimientos. Conlleva la secuenciación de una sucesión de determinados actos o tareas dirigidas estratégicamente a un determinado fin y por tanto es un aprendizaje procedimental cognitivo y explícito o consciente.

© narcea s. a. de ediciones

Por ello, hemos de completar lo dicho matizando que participar es un tipo de aprendizaje procedimental basado no tanto en la ejecución de destrezas psicomotrices (correr, silbar o nadar) cuanto en la asimilación de habilidades y procedimientos basados en secuencias complejas de actos, tareas y estrategias conducentes a resolver un problema: *cómo tomar parte activa en algo y con alguien.*

Con ello, además estamos diferenciando el acto de participar –aprendizaje procedimental– de la participación como concepto (aprendizaje conceptual), para afirmar que, si bien ambos tipos de aprendizaje son complementarios, conviene no confundirlos a la hora de aplicarlos a la ASC, ya que siendo consecuentes con la metodología activa que caracteriza a ésta, la mejor y más completa manera de saber lo que es la participación es participando. Máxime teniendo en cuenta que el concepto de participación es de naturaleza axiológica y como tal, al pertenecer al mundo de los valores, para poder llegar a asimilarlo, hay que experimentarlo o vivenciarlo.

Por eso, el aprendizaje de la participación contiene no sólo contenidos procedimentales sino también actitudinales, puesto que para poder participar además de saberlo hacer, hay que querer hacerlo. Finalmente y una vez realizado dicho proceso práctico y vivencial, se podrá llegar a reflexionar sobre el mismo de cara a sacar conclusiones conceptuales. De este modo, el aprendizaje de la participación incluiría tres tipos de contenidos: conceptuales, procedimentales y actitudinales, pero son los dos últimos los más relevantes y decisivos.

De acuerdo con Parcerisa (1999), estos tres contenidos requieren de diferentes tipos de estrategias de aprendizaje:

- *Los contenidos conceptuales:* a su vez, los podemos subdividir en *hechos* o contenidos factuales (acontecimientos, fechas, sucesos…) y *conceptos* propiamente dichos (definiciones, fórmulas o cualquier otra noción de carácter abstracto). Mientras que los primeros requieren de la *memorización y del recuerdo* para asimilarse, los segundos se aprenden mediante la *comprensión* y la posterior *aplicación* a diferentes contextos. Definir la noción o delimitar el concepto de participación serían ejemplos de este tipo de aprendizaje.

- *Los contenidos procedimentales:* requieren de la ejercitación para poder aprenderse (a participar sólo se aprende participando), seguida de la reflexión sobre dicha práctica (participación como praxis) para poder consolidar lo aprendido. Esta modalidad de aprendizaje, como veremos a continuación, es la que adquiere mayor protagonismo a la hora de aprender a participar.

- *Los contenidos actitudinales:* entendidos como conjunto de valores o disposiciones ante determinadas situaciones sobre las que hemos de actuar, debemos pronunciarnos o tomar partido. El tipo de aprendizaje más efectivo para asimilar este tipo de contenidos es el *aprendizaje vicario o de modelos*, junto con el aprendizaje *vivencial o experiencial*. Un tipo de aprendizaje que según Carreras (2003) pasa por tres etapas: el descubrimiento, la incorporación y la realización. No cabe duda de que para aprender a participar de manera eficaz, es necesario cultivar una actitud positiva ante la participación de manera que ésta se vivencie o experimente como algo valioso.

La experiencia nos demuestra que el aprendizaje de la participación, trabaja especialmente con contenidos procedimentales y actitudinales. Uno puede saber muy bien la definición de participación, pero si no sabe y/o no quiere participar, de poco servirá su conocimiento teórico de la misma. Por ello, nos vamos a detener en los aspectos procedimentales y actitudinales de la participación de cara a resaltar aquellas características que creemos más importantes para la construcción de una didáctica de la participación.

La participación como aprendizaje procedimental. Modelos y recursos didácticos

En el aprendizaje procedimental, podemos distinguir dos tipos de procesos:

- *Algorítmicos:* regidos por un conjunto de instrucciones o reglas rígidamente ordenadas (los algoritmos propios de la lógica, la matemática o la informática).

- *No algorítmicos:* conducidos por un conjunto de actos e instrucciones secuencializadas pero de una manera no rígida ni unívoca (pintar un cuadro, hacer una cama, componer una canción o participar en un grupo).

Dado que la participación constituye un conjunto complejo, y no lineal ni necesariamente unívoco, de procedimientos, se corresponde con un *aprendizaje procedimental no algorítmico*. Por tanto, nuestra didáctica de la participación tendrá que basarse en una estrategia específica para el aprendizaje de conocimientos procedimentales no algorítmicos. A continuación expondré cómo podemos aplicar esta estrategia al aprendizaje de la participación a partir del modelo genérico de aprendizaje social y procedimental propuesto por Nieto (2011: 389-390), describiendo las implicaciones que conlleva cada etapa.

1º. Exposición verbal

Descripción –oral y/o escrita– de la finalidad, número de etapas o pasos para llegar a la meta pretendida. Se trata de informar sobre cómo llevar a cabo la secuencia de pasos necesaria para elaborar el *proceso de participación*. Esta primera etapa implica a su vez tres momentos bien diferenciados establecidos de forma diacrónica a lo largo de todo el proceso expositivo:

- *Antes:* Llamar la atención de los miembros del grupo y crear un ambiente de expectación. Esto se puede lograr con diversas técnicas tales como "la cuenta hacia atrás" (se cuenta de 10 hacia atrás diciendo que al llegar a 0 todo el mundo estará en silencio y atento), el "lanzamiento de gorra o sombrero" (el animador se dispone a lanzar su gorra o sombrero hacia arriba de manera que cuando caiga al suelo, todos tienen que estar en silencio). Lo importante es no entrar en el juego de levantar la voz por encima de las voces del grupo, para intentar ganarse la atención del grupo, porque de este modo se suele entrar en círculo vicioso de difícil salida.
- *Durante:* Optimización del contexto o ambiente mediante el control de las variables externas de aprendizaje, tales como el ruido, la temperatura, la accesibilidad o visibilidad.
- *Después:* Optimización de la expresión oral y corporal mediante el control de los factores que dificultan o bloquean la comunicación verbal (Tabla 3.1) y no verbal. A modo de ejemplo, destaco algunos de los más importantes (Ventosa, 2004).

Tabla 3.1. Algunos factores que dificultan o bloquean la comunicación

A/ Expresiones Verbales	B/ Conductas No Verbales
1. Observaciones rudas y desconsideradas. 2. Frases y respuestas ásperas. 3. Incapacidad de apreciar manifestaciones de buen humor en los demás. 4. Sarcasmo. 5. Hablar al oído a una persona, delante de otras. 6. Perfeccionismo. 7. Ser meloso. 8. Levantar la voz y gritar. 9. Puñaladas por la espalda. 10. Criticismo. 11. No decir la verdad. 12. Espíritu de contradicción. 13. Chismorreo, murmuración. 14. Hablar en primera persona. 15. Recordar constantemente los fracasos. 16. Fanfarronear. 17. Espíritu burlón. 18. Hablar en forma fría e impersonal. 19. Expresión de sentimientos de hostilidad. 20. No recordar los nombres. 21. Monopolizar. 22. Humor hiriente. 23. Ser muy insistente. 24. Cortar a una persona. 25. Interrumpir.	1. Doblez (cara de jugador de póker). 2. La forma de vestir. 3. El tipo de peinado. 4. Expresión facial (fruncir el ceño, sonreír estúpidamente...). 5. Acciones físicas amenazadoras. 6. Nerviosismo. 7. Mutismo. 8. Replegarse sobre sí mismo. 9. Timidez, retraimiento. 10. Presunción, engreimiento, fatuidad. 11. Insensibilidad. 12. Silencio. 13. Suspiros. 14. Apatía, aburrimiento, bostezos. 15. Despreocupación en conocer valores y necesidades ajenas. 16. Hábitos físicos que distraen la atención (fumar, mascar chicle...). 17. Tono de voz. 18. Sonreír satisfecha, aprobativa o sarcásticamente. 19. Apariencia personal. 20. Fatiga. 21. Irritabilidad constante. 22. Actitud pesimista.

(sigue)

(continúa)

Tabla 3.1. Algunos factores que dificultan o bloquean la comunicación

A/ EXPRESIONES VERBALES	B/ CONDUCTAS NO VERBALES
26. Cambiar de tema constantemente. 27. Expresar mal humor al hablar. 28. Corregir en público. 29. Monotonía, ser pesado. 30. No mirar al interlocutor, no prestar atención. 31. No saber escuchar. 32. Actitud defensiva. 33. Expresiones vulgares, frases hechas. 34. Uso excesivo de un lenguaje técnico. 35. Pensar con mayor rapidez de lo que uno habla. 36. Falta de claridad y concisión. 37. Generalizar demasiado. 38. Saltar a conclusiones antes de tiempo. 39. Hablar sin pausas. 40. Falta de confianza. 41. Evasión. 42. Responder a una pregunta con otra. 43. Hablar sin conocimiento de causa o de lo que uno desconoce. 44. Hacer comentarios hipócritas. 45. Hacer "discursos" al hablar. 46. Mentir.	23. Actitud siempre preocupada. 24. Mostrar depresión. 25. Inestabilidad de carácter. 26. Imprevisibilidad. 27. Distraerse mientras habla o escucha. 28. Mostrarse siempre apurado (ansiedad, nerviosismo). 29. Mostrarse testarudo. 30. Falta de voluntad para asumir riesgos. 31. Ser muy sensible. 32. Etiquetar o clasificar a las personas. 33. Conflictos personales. 34. Quejarse constantemente. 35. Irresponsabilidad. 36. Inexpresividad, rostro en blanco. 37. Actitud defensiva. 38. Falta de conciencia. 39. Escuchar sólo lo que uno quiere oír. 40. Susto, espanto, terror. 41. Transpiración. 42. Pestañear rápidamente. 43. Postura floja y descuidada. 44. Dar la mano sudada. 45. Halitosis. 46. Encogerse de hombros.

2º. Modelamiento

Servir de modelo por parte de un experto (animador) con el fin de que el participante observe situaciones de animación y participación grupal. Al igual que en la anterior etapa, se han de tener en cuenta una serie de implicaciones antes, durante y después de esta fase:

- *Antes:* asegurarse la atención de los participantes, neutralizando o minimizando posibles distractores ambientales (ruido, interferencias, distracciones…).
- *Durante*: control y optimización de la expresión oral y corporal por parte del animador, manteniendo el contacto visual y la atención de los miembros el grupo.
- *Después:* asegurarse de que todos los participantes han comprendido la ejecución.

3º. Práctica guiada

Ensayo colectivo de ejecución en donde el animador expone a una "participación guiada" a cada uno de los miembros del grupo, orientando su participación, ofreciéndoles retroalimentación informativa (*feedback*) de lo observado, mediante el método de ensayo-error y el de aproximaciones sucesivas y progresivas que vayan de menor a mayor grado de dificultad o complejidad. Esto se realiza teniendo en cuenta una serie de pautas.

- *Antes:* animar a participar creando un clima desenfadado y confianza para "romper el hielo" y el miedo escénico que suele acompañar al inicio de este tipo de situación.
- *Durante:* observación atenta y cordial de cada uno de los participantes mientras ejecutan sus respectivas prácticas absteniéndose de juzgarlas o valorarlas hasta tanto no finalicen.
- *Después:* reforzar positivamente cada intervención con especial referencia a las de aquellas personas más inseguras.

4º. Moldeamiento

En esta última etapa, el animador "moldea" a los participantes, observando, guiando, corrigiendo y reforzando sus ensayos o prácticas a través de las siguientes pautas:

- *Antes:* graduar la motivación de manera progresiva, mediante retos y desafíos a hacerlo mejor, "más difícil todavía".

- *Durante:* observación participante, acompañando el ejercicio de cada miembro del grupo mediante un seguimiento orientado a servir de guía y estímulo.

- *Después:* refuerzo positivo y volver a iniciar el ciclo con un grado de mayor exigencia y seguridad.

En síntesis y de manera figurada el modelo descrito lo podemos representar según el Gráfico 3.2.

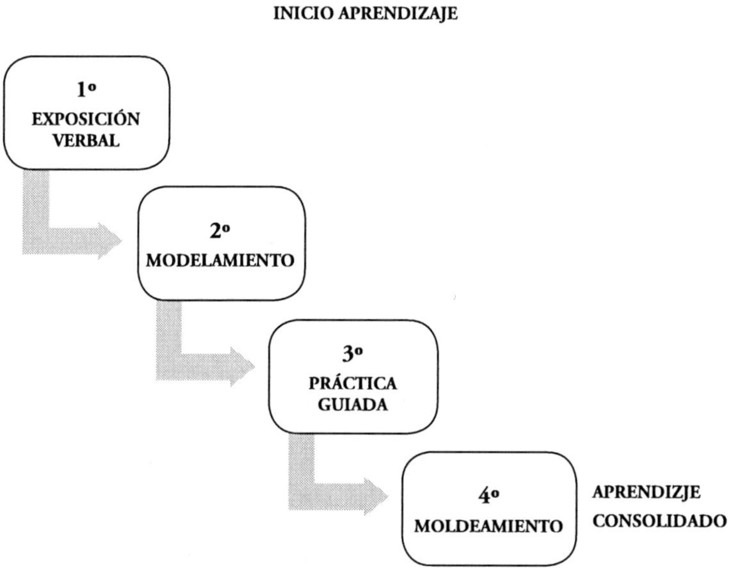

INICIO APRENDIZAJE

1º EXPOSICIÓN VERBAL

2º MODELAMIENTO

3º PRÁCTICA GUIADA

4º MOLDEAMIENTO — APRENDIZJE CONSOLIDADO

Gráfico 3.2. *Modelo de aprendizaje social*

Para ilustrar mejor este proceso pongamos un ejemplo de los más usuales en cualquier proceso inicial de animación sociocultural como es el de la presentación en el grupo. Para ello, los animadores disponen de múltiples técnicas de presentación grupal (Ventosa, 2004). Elegiremos una de ellas, concretamente la llamada "*Me llamo y me gusta*" (Ventosa, 2004:124), para comprobar cómo se puede aplicar este modelo de aprendizaje procedimental a la enseñanza de la participación:

1º. *Exposición verbal:* el animador explica al grupo con claridad, brevedad y convicción, cómo se van a presentar públicamente sus miembros con el fin de iniciar el proceso grupal a partir de un conocimiento inicial de cada uno de ellos. Para ello describe en qué consiste la técnica "Me llamo y me gusta" en la que cada participante deberá, de manera sucesiva y acumulativa, ir diciendo su nombre y expresando corporalmente una de sus mayores aficiones.

2º. *Modelamiento:* el animador avisa de que a continuación lo ejecutará él mismo a modo de ejemplo y comienza el ejercicio presentándose el mismo ante los demás miembros del grupo, con arreglo a las normas anteriormente explicadas. Esto lo hace ralentizando gesto y ritmo de ejecución, con seguridad y naturalidad.

3º. *Práctica guiada:* tras su presentación, el animador invita y anima a presentarse de la misma manera al siguiente participante y así sucesivamente al resto, inspirando en todo momento confianza y tansmitiendo buen humor. Es importante iniciar este proceso por aquellos participantes más decididos y dejar para el final a los más tímidos o inseguros.

4º. *Moldeamiento:* a medida que cada miembro del grupo se va presentando, el animador va orientando, reforzando o corrigiendo sus intervenciones incorporando comentarios, refuerzos y observaciones relativas a las circunstancias de cada momento, cuidando que las correcciones necesarias sean amables sin llegar nunca a ridiculizar o herir a nadie en público.

Descriptores gráficos para el aprendizaje procedimental de la participación

Junto a los procedimientos o modelos de aprendizaje necesarios para la enseñanza de la participación, también son importantes los llamados descriptores u organizadores gráficos, un conjunto de recursos didácticos de tipo visual muy útiles y eficaces para potenciar el pensamiento y el aprendizaje y que podemos clasificar del siguiente modo:

- *Figurativos:* representan una información abstracta de una determinada forma visualmente organizada, bien sea mediante mapas (semánticos, conceptuales, mentales), dibujos o figuras. Un ejemplo aplicado a este mismo tema se puede ver en el Gráfico 3.2.

```
                    FIGURATIVOS
                         |
                   TIPOS DE
                ORGANIZADORES
                   GRÁFICOS
                   /        \
            INCLUSIVOS    RELACIONALES
```

Gráfico 3.2. *Ejemplo de descriptores gráficos figurativos*

- *Relacionales:* representan gráficamente determinadas relaciones entre hechos, acciones o conceptos. Según el tipo de relación que se quiera mostrar, a su vez, pueden ser reticulares (relaciones en red), de causa-efecto, comparativos (como del Diagrama de Venn), secuenciales (procesos o secuencias de acontecimientos), jerárquicos (organigrama, estructura piramidal), cíclicos, arborescentes... Un ejemplo de este tipo de organizador gráfico lo tenemos en el anteriormente presentado como modelo de aprendizaje social.
- *Inclusivos:* vinculan gráficamente conocimientos nuevos con otros ya adquiridos. A continuación, en la Tabla 3.2, presento un ejemplo de descriptor gráfico inclusivo.

Una eficaz manera de facilitar lo que Ausubel define como "anclaje" de las ideas o conocimientos nuevos en los ya conocidos –el procedimientro por el que nuestro cerebro almacena la información que recibe– es a través de descriptores gráficos de tipo inclusivo como el que a continuación presentamos (Tabla 3.2). En él se trata de pedir a los participantes en un curso o taller de participación, que completen la tabla siguiente al finalizar la sesión. Para ello deberán resumir en la primera columna lo que ya sabían sobre el tema antes del curso o taller, seleccionar en la segunda lo que deben saber y sintetizar, en la tercera, lo que han aprendido en clase.

Tabla 3.2. Ejemplo de descriptor gráfico inclusivo

TEMA: LA PARTICIPACIÓN SOCIAL

Qué es lo que ya sabía sobre el tema	Qué es lo que debo saber	Qué es lo que he aprendido

Condicionantes de la participación: actitud y motivación

A la hora de iniciar cualquier proceso de participación, hay que tener en cuenta dos variables o condicionantes fundamentales: *las actitudes* que tienen cada uno de los miembros del grupo hacia la participación y *la motivación* de éstos para participar. Detengámonos a continuación en cada una de ellas.

Cómo desarrollar actitudes positivas para la participación

Aplicado a nuestro tema, una actitud es una disposición afectiva y conativa que predispone de manera positiva o negativa a participar. Las actitudes hacia la participación se generan a partir de las experiencias vividas por cada persona en determinados contextos (participar en) socio-grupales (participar con). De aquí se deduce que para enseñar a participar, hay que facilitar *contextos gratificantes de participación*, de manera que se puedan generar experiencias colectivas positivas derivadas de la práctica de determinadas actividades que requieran la implicación activa de los participantes. Esta ha de ser precisamente una de las funciones características del animador y de la animadora sociocultural respecto del grupo para y con el que trabaja: la *creación o facilitación de contextos de participación estimulantes, atractivos y fecundos*. Junto a esta importante tarea, los animadores también han de conocer los *factores y métodos* que los estudios en aprendizaje actitudinal han descubierto como *favorecedores del cambio y asimilación de actitudes favorables a participar* (Nieto, 2011, Parcerisa, 1999). Seleccionaré a continuación los que considero más útiles y propios de la ASC:

- *Sentimiento de autodeterminación:* enraizado en una de las necesidades humanas básicas como es el deseo de éxito o el afán de superación. En cuanto que la meta última de la animación es la autoorganización individual y colectiva, la tarea del animador para generar esta actitud es la de infundir confianza en el resto de los miembros del grupo y entre ellos mismos y la de ser un provocador y generador de retos que resulten atractivos al grupo. Este factor está muy relacionado con la función posibilitadora o relacional (animus) de la animación a la que ya me he referido en otros momentos (Ventosa, 2002), esa actitud estimulante y provocadora que todo buen animador ha de ejercer en relación al grupo.

- *Conciencia de las propias capacidades:* en este sentido, la función del animador será la de facilitar retroalimentación, *feedback*, al grupo, ayudándole a verbalizar sus logros, visualizar las metas y equilibrar los retos con sus límites y posibilidades.

- *Establecimiento de un marco social de aprendizaje:* en cualquier proceso de animación sociocultural, el marco social no es una opción, sino una necesidad, su espacio específico de intervención, el único contexto en donde las personas pueden aprender a participar, ya que ello implica "participar con".

- *Favorecer la participación activa:* mediante la aplicación del método activo propio de la animación y de las técnicas de participación y desarrollo gupal. Para ello, se ha de partir de la experiencia del propio grupo y de aquellas situaciones o conocimientos ya conocidos de sus miembros.

- *Desarrollar el sentimiento de pertenencia grupal:* a través de la creación de identidad grupal o comunitaria, el fomento de la creación de elementos identitarios (lema, banderín, mascota, himno…) que en determinadas pedagogías propias de la animación como la del ocio y tiempo libre (especialmente el escultismo) se practican con éxito desde hace muchos decenios. Ello redunda sin duda en el incremento de la cohesión grupal.

- *Libertad de decisión:* teniendo en cuenta que toda propuesta de animación es voluntaria y se construye desde el respeto a todas las opiniones de los miembros del grupo y a través de la toma de decisiones colectivas. Ello no quiere decir que haya que abandonar al grupo a su suerte, sino que libertad y provocación lejos de ser incompatibles son complementarias.

- *Liderazgo democrático:* la animación sociocultural fomenta un tipo de liderazgo no sólo democrático sino también social y compartido. A describir las características de este tipo de liderazgo propio dedicaremos el último capitulo de este libro, debido a sus especiales caracteristicas que lo hacen distinto al resto de liderazgos.

Cómo motivar para la participación

La motivación constituye un condicionante decisivo en el inicio y desencadenamiento de cualquier proceso participativo: para querer participar primero hay que estar motivado para ello y la gente no siempre se muestra dispuesta a participar en una Sociedad de Consumo en la que más bien se fomentan actitudes conformistas, consumistas y de pasividad. Por eso, la cuestión capital para los educadores y animadores, es *cómo motivar para la participación desde los barrios, las asociaciones, los colectivos, los servicios o instituciones y programas socioculturales en cuanto recursos básicos de la comunidad.*

Para ello, es necesario conocer el proceso básico mediante el que funciona la motivación humana y que pasa fundamentalmente por tres etapas:

$$MOTIVACIÓN \longrightarrow ACCIÓN \longrightarrow DECISIÓN$$

© narcea s. a. de ediciones

Según las actuales aportaciones de la Psicopedagogía que resume con claridad José A. Marina (2011:28), la motivación se alimenta del *deseo (interés)*, de los *incentivos (valor o atractivo)* y de los *facilitadores* (formación, seguimiento, apoyo, recursos...):

MOTIVACIÓN = DESEO + INCENTIVOS + FACILITADORES

Los *deseos básicos* a partir de los que derivan todas nuestras motivaciones los podemos reducir a tres (Goleman, 2012; Marina, 2011):

- El *bienestar:* el deseo de placer y disfrute (deseo de pasarlo bien, sentirse bien).
- La *vinculación socioafectiva*: deseo de querer y de que nos quieran, valoren o estimen. Deseo de vinculación o de pertenencia (ser aceptados).
- El *desarrollo personal* a través de la acción o *consecución de logro* (Mc Clelland): deseo de éxito, también llamado por otros autores autorrealización (Maslow, Jung), afán de superación, competencia y autonomía (Adler, Stipek, Connell), crecimiento personal y experiencial (Rogers), búsqueda de sentido (Frankl, Maehr), curiosidad exploratoria y afán creativo (Osterrieth, From, Starr), voluntad y deseo de poder (Hobbes, Nietzshe, Russell, Mc Clelland). Marina trata de integrar todos estos deseos bajo la expresión de "ampliación de posibilidades del yo" y aunque ya esta bosquejado en algunos de los animales más evolucionados (como los chimpancés o los bonobos), es posiblemente el impulso más propiamente humano y más elevado de la evolución que culmina en la búsqueda y aspiración de transcendencia (Ventosa, 2002).

La Animación Sociocultural aporta a este proceso motivacional una metodología desde el punto de vista de los resultados: adecuada y eficaz (sistematizada y generalizable) porque sus prácticas dan respuesta y satisfacción precisamente a los tres deseos básicos descritos (disfrute, vinculación y desarrollo activo). De este modo, los procesos de animación consiguen:

- *El disfrute:* a través de la práctica del ocio activo, el juego, la diversión y las experiencias óptimas.

- *La vinculación:* en un contexto grupal afectivo y emocionalmente intenso (tiempo condensado, fuerte y espacio denso), en contraste con el tiempo rutinario de la vida cotidiana.
- *El desarrollo activo*: mediante la implicación en un proyecto cultural atractivo y liberador de las capacidades de sus miembros.

De este modo, el disfrute, la vinculación y el desarrollo personal, son los pilares de la satisfacción y el bienestar que produce la animación sociocultural en cuanto generadora de "vivencias compartidas" (con-vivencia).

Además de las motivaciones fundamentales descritas, existen diversas teorías de la motivación de las que podemos extraer interesantes y útiles aportaciones para desarrollar una didáctica de la participación (Nieto, 2011 y Marina, 2011):

- *La Teoría de las necesidades humanas* desarrollada por Maslow y Glasser, nos indica el papel de la necesidad como motor de la motivación, fundamentando con ello la importancia del análisis de las necesidades de los destinatarios previo a cualquier proceso de participación, tal y como se plantea la animación sociocultural, en donde su punto inicial es el de partir de los intereses y necesidades de sus destinatarios.
- *La Teoría de la equidad* preconizada por J. Stacey Adams, de la que extraemos cómo el afán de recibir un trato equitativo, es una potente palanca movilizadora de todo ser humano. De ello se deduce la necesidad de abordar los procesos de animación grupal desde un estilo democrático e inclusivo por parte del animador, teniendo en cuenta los intereses y las capacidades de todos los miembros del grupo, para que todos se sientan concernidos y valorados a la hora de iniciar un proceso participativo, según sus capacidades y posibilidades.
- *La Teoría del logro* de David McClelland, completada por John Atkinson, nos indica que una de las motivaciones fundamentales que mueve a las personas es el deseo de lograr el máximo rendimiento a la hora de abordar una tarea o habilidad que requiera un determinado nivel de excelencia, minimizando a la vez el riesgo o temor ante el fracaso. Por ello, un buen educador y profesional de la animación sociocultural deberá plantear ante el grupo cualquier proceso participativo como

un reto o un desafío progresivo en torno a un proyecto a conquistar, graduando su realización desde fases y metas de fácil logro hasta las más ambiciosas o exigentes para facilitar desde el principio la sensación de éxito, minimizando a la vez los posibles fracasos. Esta graduación la podemos pautar y protocolarizar a través de lo que más adelante llamaré los grados o niveles de participación.

- *La Teoría de las expectativas,* creada por Víctor Vroom, asienta el grado de motivación en el deseo de alcanzar una determinada meta y las expectativas de éxito y de recompensa que se tengan al respecto. Estas expectativas varían de una persona a otra y dependen del grado de confianza personal y grupal, así como de las experiencias pasadas de éxitos y fracasos. Todo ello, nos indica la importancia de que los procesos de participación asociados a un determinado proyecto sociocultural vengan acompañados de un proceso de animación grupal en donde el animador inspire y genere a la vez confianza respecto del grupo, así como que dicho proceso sea gradual en cuanto a los niveles de participación y de logro exigidos, de tal manera que las primeras actividades y tareas sean gratificantes y fáciles de conseguir para que generen sensación de éxito, reforzando y fortaleciendo de este modo las expectativas de los participantes. Esto el animador lo podrá facilitar maximizando los éxitos por pequeños que éstos sean y minimizando los fracasos.

- *La Teoría de las atribuciones de éxito y fracaso de Weiner* explica cómo las motivaciones de cada persona están relacionadas con las atribuciones que éstas hagan sobre el éxito y el fracaso de sus conductas, de tal manera que las atribuciones positivas refuerzan la motivación en la medida en que el sujeto confíe en su posible éxito y las negativas desmotivan en la medida en que el sujeto tenga miedo al fracaso por falta de confianza en las posibilidades de éxito. De aquí se deriva la importancia que tiene para los animadores y las animadoras socioculturales conocer el "locus de control" de los miembros de su grupo, para ofrecer incentivos tanto externos (prestigio, valoración externa, opiniones positivas...) como internos (pundonor personal, autoestima, desafío o reto...) a la hora de participar que lleguen a los que tienden a atribuir sus éxitos y fracasos tanto a causas externas (locus de control externo), como internas (locus de control interno). Si bien, a la hora de trabajar en grupo, dadas las diferencias existentes entre sus diversos miembros, lo mejor es administrar incentivos de uno y otro tipo de manera que alcancen a todos.

Variables de la motivación

Existen una serie de factores que diferentes investigaciones (Nieto, 2011) han confirmado que influyen en la motivación humana, algunos de las cuales voy a destacar a continuación por su relación con nuestro tema:

- *El autoconcepto* es la imagen que cada uno tiene de sí mismo resultante de lo que pensamos que somos, lo que pensamos que podemos llegar a ser y de lo que pensamos que piensan los demás de nosotros. El autoconcepto, por tanto no es algo innato, sino que se va aprendiendo a lo largo de nuestra vida a través de las experiencias de éxito y de fracaso que vamos teniendo en interacción con los demás y de los resultados que vamos consiguiendo en este proceso, así como de la manera cómo los asimilamos. Esta imagen que uno llega a tener de sí mismo es importante tenerla en cuenta en cualquier proceso motivacional porque condiciona el aprendizaje y el grado de confianza y seguridad en sí mismo que tiene cada uno a la hora de implicarse o participar en cualquier acción o proyecto. Del mejor o peor autoconcepto que tenga cada cual, dependerá *su autoestima* que es la suma del grado de confianza y respeto que posee cada sujeto para consigo mismo. El animador deberá por tanto conocer este concepto y saber gestionarlo bien de manera que sus primeras acciones en la fase inicial de interacción con el grupo, deberán ir dirigidas a inspirar confianza y seguridad de sus miembros, especialmente de los que más lo pueden necesitar. En ello, consiste una de las principales funciones del animador: aportar confianza en las propias capacidades para lograr algo que el grupo se proponga realizar.
- *Proporcionalidad percibida:* la propuesta que surge de un proceso de animación para enseñar a participar a un grupo de personas ha de percibirse por parte de éstas como interesante o merecedora de atención y ello sólo se conseguirá en la medi-

da en que sea percibida como un reto o desafío cuyo esfuerzo requerido (variable interna) se compensa con la recompensa a obtener con él (variable externa). Por tanto las propuestas han de ser equilibradas y realistas.

- *Claridad de objetivos a alcanzar:* buena parte del éxito de las anteriores variables dependerán de la claridad y precisión de los objetivos a alcanzar. Esta claridad inicial motivará al grupo en la medida en que además sean a la vez interesantes y realistas evitando levantar falsas expectativas y frustraciones debidas a malentendidos.

- *Estrategias de motivación:* las estrategias que podemos utilizar para facilitar la motivación las podemos dividir en estrategias externas o centradas en el efecto a conseguir y estrategias internas o centradas en el propio animador:

    – *Externas o centradas en la animación:* recompensar la participación material (premios), personal (refuerzos afectivos) o socialmente (reconocimiento); cambiar e innovar los contenidos o las acciones participativas de manera que resulten atractivos y decidir entre todos las actividades o proyectos a realizar a partir de los intereses de los miembros del grupo.

    – *Internas o centradas en el animador:* el estilo y actitud del animador será uno de los condicionantes decisivos a la hora de animar a participar. Su entusiasmo, credibilidad, sinceridad y la manera atractiva de proponer las acciones en forma de retos, desafíos o juegos será determinante a la hora de ganarse la confianza del colectivo. Para ello, iniciar el proceso de aprendizaje con algo chocante o provocador: pregunta, acción, dibujo o imagen impactante, pensamiento, etc.; plantear un problema cotidiano al principio del proceso de aprendizaje; crear una atmósfera relajada y dialogante; incentivar a los miembros del grupo a plantear preguntas o problemas: introducir en el discurso elementos contradictorios, incongruentes, desconcertantes, novedosos, sorpresivos o complejos. En este sentido es como se ha de entender al animador como un *provocador* y a la provocación como un recurso didáctico del animador. También, finalmente, crear intriga o expectación dejando las

© narcea s. a. de ediciones

cuestiones y los interrogantes suspendidos o pendientes de respuesta hasta el final.

Como síntesis de todo lo dicho en este apartado, podemos afirmar que sin motivación y sin emoción (o deseo) no hay aprendizaje (Mora, 2013). Por ello la animación sociocultural es una didáctica de la participación en la medida en que ella misma contiene una metodología de la motivación. Una estrategia motivacional basada en la invitación desafiante a desarrollar proyectos atractivos y estimulantes para un determinado colectivo que supongan un reto interesante para sus miembros, que les lleve a desplegar las propias potencialidades, a ampliar las posibilidades creativas y autoorganizativas tanto individuales como grupales.

Aportaciones Neurocientíficas y de la Psicología Positiva al estudio de la motivación

Recientes avances de la Neurociencia, vinculan la motivación a las áreas cerebrales de la emoción y del movimiento, concretamente en el córtex prefrontal izquierdo (Goleman, 2012). La motivación, por un lado, es *lo que nos mueve o nos impulsa a hacer algo* y por otro es *lo que nos emociona y hace sentir bien.*

Significativamente, estas dos dimensiones de la motivación coinciden con las dos dimensiones de la animación: el *animus* es el impulso, la función relacional, lo que nos mueve o moviliza; y el *anima* la emoción que ilumina y da sentido al proyecto querido hacia el que nos movilizamos. De este modo comprobamos cómo la animación sociocultural, contiene en su mismo concepto y funciones principales, los factores que la hacen una eficaz metodología motivadora (Gráfico 3.3.).

El animador, en este sentido, es un gestor de las emociones positivas de los demás, un facilitador de espacios y tiempos emocionalmente intensos y positivos que propone y dispone los medios para generar *experiencias densas* en las que encontrar ese estado que Csikszentmihályi (2010) llama "estado de flujo" y que le sirve a este autor para explicar y caracterizar la experiencia de felicidad.

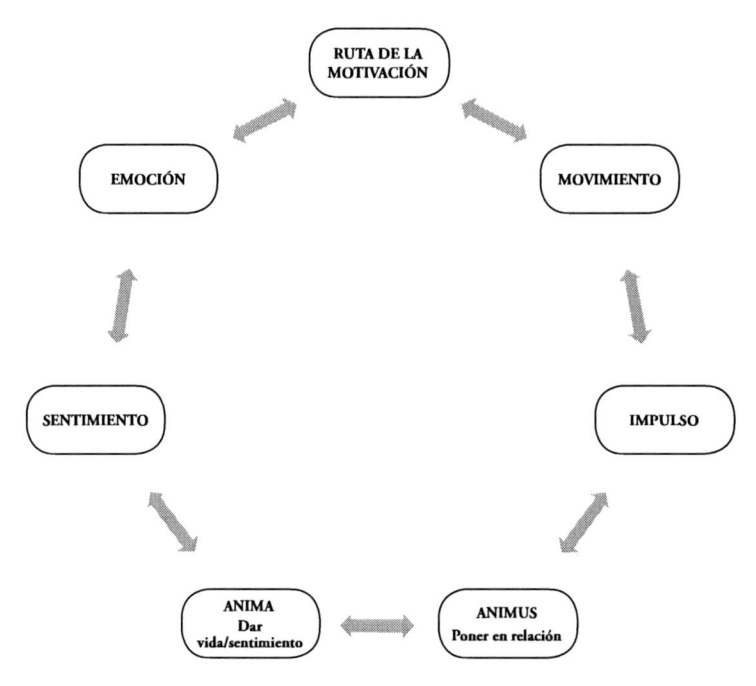

```
          RUTA DE LA
          MOTIVACIÓN
         ↙         ↘
    EMOCIÓN       MOVIMIENTO
       ↕              ↕
  SENTIMIENTO      IMPULSO
       ↘              ↙
      ANIMA    ⇄    ANIMUS
       Dar          Poner en relación
    vida/sentimiento
```

Gráfico 3.3. *Ruta neuroanimadora de la motivación*

Las investigaciones de Csikszentmihályi nos explican cómo para mantener una experiencia óptima de felicidad, identificada con lo que denomina flujo o fluidez, es necesario mantener el interés y la motivación por la acción elegida de manera que se guarde un equilibrio entre la complejidad de la misma y la capacidad de llevarla a cabo de los participantes. De este modo, la motivación se activa en la medida en que el proyecto sociocultural en ejecución mantenga la tensión entre su dificultad desafiante y su viabilidad o factibilidad.

En definitiva, la fuerza motivadora de un proyecto de animación ha de caminar entre la complejidad y la factibilidad, pero sin llegar a caer en ninguno de los dos extremos dado que su excesiva dificultad provocaría ansiedad y frustración, del mismo modo que la excesiva facilidad desencadenaria aburrimiento.

Algo que podemos visualizar a través del Gráfico 3.4 que nos indica el punto de equilibrio a conseguir para llegar al nivel óptimo de motivación.

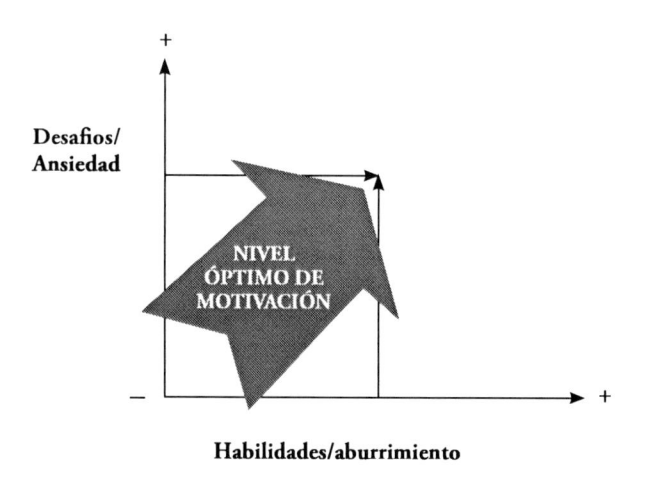

Gráfico 3.4. Coordenadas de la motivación óptima

DIMENSIÓN SOCIOEDUCATIVA DE LA PARTICIPACIÓN

Es de todos conocida la dimensión social del ser humano que hasta hace poco se entendía como un resultado o producto de su inteligencia. Sin embargo nuevas investigaciones al respecto invierten esta relación causa-efecto, concluyendo exactamente lo contrario: es la sociabilidad humana la que desarrolló la inteligencia (Gazzaniga, 2010) y por tanto la que nos habilita biológicamente para la cooperación y la participación. Pero esta capacidad sólo pasará de la potencia al acto si se despliegan en un ambiente sociocultural apropiado en el que los sujetos puedan asimilar mediante aprendizaje los procedimientos propios de la participación ejercitándolos en diversos contextos en interacción con los demás.

Por ello, este aprendizaje exige un contexto o espacio social adecuado (básicamente democrático que permita la participación y que podríamos llamar *"entorno o hardware participativo"*) y una cultura participativa (que valore y fomente la participación ofreciendo contenidos en los que participar y que de manera correlativa llamaríamos "aplicaciones o software participativo").

Esta dimensión sociocultural de la participación ha de poder asimilarse e internalizarse a través del aprendizaje social o socialización. Algo de lo que se encarga la Educación Social en general y la animación sociocultural en especial cuando esta socialización afecta concretamente a la participación. De ahí mi insistencia en la consideración de la Animación Sociocultural como esa didáctica que enseña a participar en la cultura para fomentar una cultura de la participación (Ventosa, 2002).

Una cultura de la participación supone una educación para la participación hasta el punto que podemos definir la Animación Sociocultural como:

> *Ese proceso dirigido a desarrollar la cultura de la participación a través de la participación en la cultura.*

Para conseguir esta meta es necesario un proceso de intervención desde las diferentes instancias e instituciones educativas. Dichas instancias las podemos agrupar a partir de las tres categorías ya clásicas que aunque no son compartimentos estancos ni del todo definidos, nos pueden ayudar a describirlas y delimitarlas.

Los ámbitos educativos de la participación

1. ***Educación formal.*** El sistema escolar –desde Primaria hasta la Universidad– no cabe duda de que constituye una de las principales instancias de educación más influyentes y eficaces a la hora de educar para la participación. Para ello, el camino no es otro que el de participar en la educación, porque –y aunque parezca una perogrullada– a participar se aprende participando y no tanto con discursos o lecciones sobre participación. Sin embargo, como apuntan diferentes autores, "la participación

y los procesos de interacción entre iguales ha sido frecuentemente olvidada en el proceso de enseñanza-aprendizaje, dada la primacía concedida a los aspectos cognitivos y de rendimiento" (Marrero, Santiago, Escandell y Sánchez, 2001: 51). Como mucho, la participación como estrategia didáctica al servicio de la enseñanza, se ha tenido en cuenta en la actividad extraescolar, generalmente desconectada de los objetivos e intereses del aula. Sin embargo, los que hemos dedicado tiempo y esfuerzo al desarrollo e implementación de métodos activos y técnicas de participación aplicados al aula (Ventosa, 2004) hemos comprobado cómo los resultados son consistentes con la investigación empírica existente al respecto y que coincide en señalar una serie de conclusiones que resaltan la importancia y eficacia de la participación en contextos escolares (Marrero, Santiago, Escandell y Sánchez, 2001):

– La participación de los alumnos y la mejora de sus relaciones son decisivas para el logro de los objetivos educativos (tanto los socioafectivos, como los instrumentales y de contenido). Las aportaciones de las neurociencias nos vienen a explicar el por qué de esta relación: todo aprendizaje está mediado emocionalmente (Mora, 2013).

– Investigaciones realizadas han demostrado que el uso de estrategias de tipo cooperativo permite la mejora del rendimiento académico en términos de capacidad cognitiva, crítica y de autoestima, desarrollando además la motivación intrínseca hacia el estudio y la disposición positiva hacia la escuela, las asignaturas y los profesores, aumentando finalmente la aceptación de los propios compañeros especialmente de los discapacitados y segregados.

– La organización cooperativa de las actividades escolares parece tener efectos más favorables sobre el aprendizaje que la organización competitiva o individualista.

2. *Educación no formal.* En este apartado tenemos que subrayar además de la función fundamental de la familia, el decisivo papel que cumplen en una educación para la participación, el asociacionismo (especialmente las asociaciones juveniles y movimientos infanto-juveniles de tiempo libre) así como los servicios y programas de animación infantil y juvenil desarrollados tanto desde instituciones públicas (especialmente los Ayuntamientos) como privadas (centros juveniles, casas de juventud, ludotecas y demás equipamientos de ocio y tiempo libre...). La importancia de estos espacios educativos es tal que la educación no formal es el espacio más característico de la ASC y sus dominios se han convertido en auténticos laboratorios generadores de innovación educativa que de manera creciente se va transfiriendo posteriormente a los espacios formales de la escuela.

3. *Educación informal.* Finalmente, dentro de los espacios con especial potencialidad (aunque no intencionalidad) educativa en el fomento de la participación, hemos de destacar a los medios de comunicación que con su creciente expansión vienen desde hace años incrementando nuestra información y con ella expanden nuestra experiencia mediada, multiplicando exponencialmente nuestra capacidad de empatía a fuerza de brindarnos día a día, minuto a minuto, experiencias, acontecimientos y sucesos dispares y ajenos. Esta constante y progresiva exposición mediática está contribuyendo a configurar una nueva personalidad humana instalada en el cambio, en la incertidumbre y en el riesgo como rasgos normales y característicos de una realidad social ante la que es necesario reaccionar con mayores cotas de participación para poder hacerla frente de manera eficaz.

La ASC desde el punto de vista de los *procesos* se rige por una serie de *principios normativos*, extraídos de la práctica en múltiples y variados contextos, entre los que destaco los siguientes:

- Ha de darse siempre una *relación inversamente proporcional entre el nivel de presencia y seguimiento de la instancia animadora y el grado de madurez del colectivo destinatario.* De tal forma que a medida que los grupos se van consolidando como tales y se van implicando en el proyecto, la organización o instancia promotora debe retirar progresiva y correlativamente su apoyo y presencia. Este proceso, Gráfico 3.5, lo denomino "Gráfica del seguimiento grupal", (Ventosa, 2004: 102).

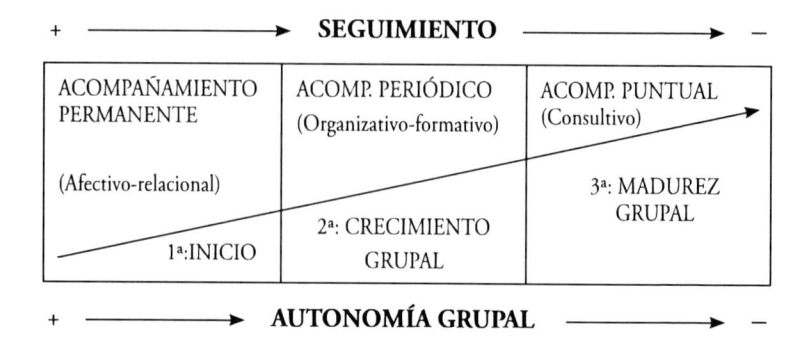

+ ─────→	SEGUIMIENTO	─────→ −
ACOMPAÑAMIENTO PERMANENTE	ACOMP. PERIÓDICO (Organizativo-formativo)	ACOMP. PUNTUAL (Consultivo)
(Afectivo-relacional) 1ª: INICIO	2ª: CRECIMIENTO GRUPAL	3ª: MADUREZ GRUPAL

+ ─────→ **AUTONOMÍA GRUPAL** ─────→ −

Gráfico 3.5. *Gráfica del seguimiento grupal*

- *La participación forma parte del comportamiento humano en cuanto habilidad social* y por ello es *perfeccionable* pero al ser un aprendizaje social *requiere de los demás* para su asimilación y desarrollo. Esta ayuda externa viene por dos vías: la del *grupo* (que aporta el contexto y contenido del aprendizaje) y la del *animador del grupo* (que aporta la metodología o estrategia de aprendizaje).

- Por ello, si queremos una animación sociocultural eficaz, no bastan los discursos retóricos y desiderativos, las exhortaciones bienintencionadas o las meras declaraciones de intenciones. Sin un conocimiento de los principios y de la metodología adecuada para educar en la participación, las pretensiones de quienes quieran desarrollarla se quedarán en buenas intenciones, cuando no en pura demagogia (Sánchez, M. 1991).

- En todo proceso inicial de participación, es de vital importancia *partir de los intereses y propuestas de los propios destinatarios*, aunque en un principio no coincidan expresamente con los objetivos del equipo o institución educativa o con las necesidades detectadas. En animación sociocultural –también lo he afirmado muchas veces– lo importante no es de dónde se parte sino a dónde queremos llegar. Tiempo habrá durante este recorrido para ir encauzando los caminos.

- *La animación para la participación, ha de ser gradual*. Un colectivo no puede pasar de golpe de la nula a la total participación, so pena de abrumarle con responsabilidades que aún no está preparado para asumir y que terminarán seguramente con su fracaso.

• Esta última característica nos lleva a recalar en la tercera y última *dimensión* de la participación aquí descrita, la dimensión social y sus etapas y estructuras graduales de aplicación.

La dimensión social de la participación y sus estrategias. Etapas o niveles

La participación no es algo unívoco, ni inmediato, ni puntual, no se consigue de manera instantánea, sino que es *gradual y contextual*; por ello requiere un *proceso o estrategia* que se identifica con el mismo proceso de la animación en el que se han de ir cubriendo una serie de etapas que yo prefiero llamar niveles o etapas de participación para resaltar el carácter progresivo, no discreto de la participación en función del contexto y de su complejidad creciente (Ventosa, 2001).

Este proceso, aunque lo describo de forma progresual, no significa que esté llamado a completarse necesariamente en todas y cada una de sus fases de manera que si no se llega al último grado de participación, este proceso quedaría truncado o incompleto. Esto es así, desde el momento en que los niveles participativos pueden venir dados por los requerimientos contextuales o institucionales que los determinan y justifican, de modo que llegados al nivel pretendido, el proceso finalice al haberse alcanzado el objetivo pretendido.

1. Información. Corresponde al primer grado de participación y coincide con la información previa que se ha de ofrecer al colectivo sobre los propósitos de la Entidad/Asociación y las características del proyecto que se quiere ofrecer a la misma.

Con esta primera etapa, estamos ante una participación incipiente y meramente receptiva. No obstante, ya requiere por parte de los participantes un mínimo de interés, de inquietud, de receptividad y de atención. En este momento se puede abordar a través de campañas publicitarias, sesiones informativas, fiestas de acogida y convocatorias públicas en diversos soportes y formatos más tradicionales (carteles, folletos, radio, televisión local, asambleas o reuniones informativas) o más innovadores (redes sociales, listas de correo, grupos de chats,...).

2. ***Análisis.*** Tras ser informados, los destinatarios reciben la propuesta y *se disponen para su debate*. La participación en esta fase alcanza una mayor intensidad sin dejar de ser receptiva, ya que implica además de la recepción de los datos, la reflexión sobre los mismos de cara a su análisis y elaboración. Actividades y técnicas idóneas para tal fin pueden ser la estimación de resistencias y barreras, la observación externa y los sondeos consultivos a la población.

3. ***Valoración.*** A partir del análisis, el colectivo *se manifiesta a través de sus grupos* y representantes locales, *aceptando y valorando críticamente las propuestas* y proyectos de la Organización convocante. A partir de aquí la participación deja de ser *pasiva* o meramente receptiva, para iniciar un segundo nivel de participación *activa en* la que la población aporta sus ideas y juicios al proyecto a través de sus grupos o colectivos más representativos. La participación resultante en este nivel requiere de una mayor implicación personal no sólo desde el punto de vista reflexivo sino connativo. Esta fase se puede llevar a cabo a través de encuestas de opinión, debates, reuniones de discusión y encuestas participantes.

4. ***Iniciativa.*** Tras una inicial valoración positiva del proyecto, es el momento de pasar de una participación reactiva y receptiva a una participación proactiva en la que se *proponen acciones y se aportan ideas concretas* para asumir, mejorar y adaptar la propuesta inicial a las necesidades, intereses e idiosincrasia de la población. Se inicia de esta forma el proceso de apropiación del proyecto por parte los destinatarios del mismo. Entre las acciones más apropiadas para este nivel podemos señalar las sesiones de braimstorming (torbellino de ideas), técnica de grupo nominal o los encuentros y jornadas intergrupales o interasociativos.

5. ***Compromiso.*** Con esta fase se entra en el nivel más avanzado de la participación. En ella, el colectivo de jóvenes *asume una serie de compromisos concretos para involucrarse en el desarrollo del proyecto*. Estos compromisos tienen a su vez diferentes grados en función del nivel de funciones y tareas asumidas:

- *Apoyo y colaboración* con el proyecto, mediante la asistencia puntual o extraordinaria a reuniones y comisiones de trabajo.
- *Cooperación*, mediante fórmulas de corresponsabilidad entre la Institución y la población: establecimiento de acuerdos conjuntos, reparto de funciones, tareas o áreas concretas del proyecto.
- *Gestión delegada* del proyecto por parte de los grupos destinatarios sin perder la vinculación y el tutelaje de la Organización, mediante la firma de algún convenio o acuerdo formal entre la Institución y los colectivos o asociaciones encargadas de su gestión.
- *Gestión autónoma o autogestión* del proyecto por parte de una sociedad constituida para tal fin (Asociación, Cooperativa, Microempresa....) de entre los grupos locales participantes. Esta etapa constituye la culminación de todo el proceso, coincidente con la cima del proceso participativo y por tanto con la meta última de su principal metodología: la animación sociocultural.

Aunque esta última etapa coincide con la meta última de la Animación Sociocultural, raras veces se puede llegar a ella, dado que es un proceso que requiere una serie de condiciones temporales y contextuales que limitan y dificultan su logro. Estas circunstancias se ponen en evidencia especialmente en contextos de animación temporalmente efímeros e institucionalmente poco estables o dirigidos a sectores poblacionales volátiles y con mucha movilidad como en el caso de los jóvenes, estudiantes o inmigrantes. En definitiva, es el contexto social de intervención el que terminará fijando la meta de cada proceso participativo, determinando a qué nivel de participación se quiere o puede llegar.

Como síntesis de todo este proceso, presento a continuación, en la Tabla 3.3, un descriptor gráfico del mismo.

Pero todo este proceso, aparentemente sencillo, es lento, difícil y frágil. Por ello, requiere de un seguimiento y apoyo gradual, tal y como ya hemos señalado, por parte del animador de ese doble proceso que hace posible la participación grupal y que es intrínseco al mismo sentido doble de la animación:

- El proceso *o dimensión relacional* (Animus = poner en relación) orientado a la integración del individuo en la vida de un grupo o comunidad.

Tabla 3.3. Grados o niveles de participación social

	GRADOS/NIVELES PARTICIPACIÓN	CARACTERÍSTICAS	ACTUACIONES
1ª ETAPA INFORMATIVA	INFORMACIÓN	Se informa del proyecto a la comunidad.	Campañas de publicidad, sesiones informativas...
	ANÁLISIS	La población informada recibe y estudia el proyecto.	Estimación de barreras y resistencias, sondeos...
2ª ETAPA CONSULTIVA	VALORACIÓN	La población acepta y valora críticamente el proyecto.	Encuestas de opinión, debates, asambleas...
	INICIATIVA	La población propone acciones y aporta ideas a través de sus grupos	Braimstorming, Grupo Nominal, encuentros...
3ª ETAPA DECISIVA	APOYO	Los colectivos locales colaboran coyunturalmente con el proyecto.	Asistencia puntual o extraordinaria a reuniones y comisiones de trabajo.
4ª ETAPA EJECUTIVA / COMPROMISO	COOPERACIÓN	Los grupos cooperan de manera corresponsable con la Organización en el proyecto.	Establecimiento de acuerdos, reparto de funciones y tareas...
	GESTIÓN DELEGADA	Los grupos gestionan el proyecto bajo tutela y supervisión de la Organización promotora.	Firma de Convenio de gestión entre la Organización y los grupos.
	AUTOGESTIÓN	Gestión autónoma del proyecto por los grupos locales constituidos en Sociedad.	Constitución de cooperativas, microempresas, asociaciones...

© narcea s. a. de ediciones

- El proceso *productivo o de rendimiento* (Anima = dar vida, sentido) orientado a la implicación de cada cual en un proyecto colectivo libremente elegido.

De este modo, la misión del animador sociocultural la podemos sintetizar en esta doble función: la *relacional* (ayudar a que los participantes se sientan integrados en un grupo o contexto determinado) y la función *productiva (organizativa)* facilitadora de sentido a través de la acción en torno a un proyecto o tarea capaz de ilusionar e implicar a todo el grupo en la transformación de su realidad y la de su entorno inmediato.

La función relacional de la animación responde a los dos primeros deseos básicos que movilizan y motivan al ser humano: el de bienestar y el de vinculación socioafectiva. Mientras que la función productiva atiende al tercero de ellos: el de desarrollo a través de la acción.

En síntesis, por tanto, podemos afirmar que la misión última del animador sociocultural es crear las condiciones para que cada ser humano consiga vivir una *experiencia placentera* (deseo de bienestar), *socio-afectivamente vinculante* (deseo de vinculación socioafectiva) y *de éxito* (deseo de desarrollo a través de la acción) mediante su implicación activa en la realización de un determinado proyecto sociocultural.

Esta tarea, pese a ser profundamente educativa, se diferencia de la tarea docente y estrictamente escolar. Ya que mientras que ésta se centra en inculcar e introducir desde fuera conocimientos en el alumno, la animación, de manera inversa aunque complementaria, pretende extraer sus potencialidades para convertirlas en acto compartido (proyecto) transformador y transportador de mejora social. En este sentido el animador es un descubridor de talentos, un coaching social en cuanto creador de contextos estimulantes adecuados, con el fin último de conseguir lo que David Shenk denomina "experiencias de éxito merecido". Este es el auténtico premio que se ha de conseguir al participar, la *experiencia de logro* que a todos nos ha llevado alguna vez a exclamar: ¡lo conseguimos! La experiencia a la que todo humano tiene derecho y a la que la ASC y sus agentes han de consagrarse, porque quien llega a sentir esta experiencia, sin duda querrá prolongarla y repetirla, y es entonces cuando habrá iniciado el camino del desarrollo de su comunidad a través de la participación, el camino de la transformación social a través de la Animación.

APORTACIONES DE OTRAS CIENCIAS

En síntesis, los postulados desde los que nos acercamos al estudio y fundamentación de la participación, los podemos resumir en los tres presupuestos. Partimos de la consideración de la ASC como una didáctica de la participación que persigue enseñar a participar mediante la práctica grupal de actividades socioculturales de su interés. En segundo lugar, la participación es la condición básica de la democracia material (no sólo formal = delegación).

Finalmente, el hecho de que la participación requiera ejercitarse para poder ser aprendida, nos sitúa ante la necesidad de considerarla como un aprendizaje de tipo procedimental y social y por tanto como un aprendizaje activo y grupal: a participar sólo se aprende participando con otros. Ante esto, la ASC surge como un modelo de aprendizaje activo para que las personas aprendan a participar en grupo mediante el desarrollo de proyectos socioculturales libremente elegidos por ellos y destinados a mejorar la calidad de vida de su comunidad. Ello nos permitirá definir su objeto: enseñar a participar. Poniendo de este modo las bases para poder fundamentar esta disciplina tanto desde el punto de vista científico, como formativo y profesional.

La participación por tanto, es algo valioso o deseable, bien sea en sí mismo, o bien por los beneficios que reporta. Por ello, discrepo de quienes plantean la participación tan sólo como un medio (Soler, 2011:40). En realidad, –tal y como ya he advertido anteriormente– podemos entender la participación desde una doble dimensión:

- *Dimensión instrumental*: entiende la participación como *participar para algo.*
- *Dimensión finalista:* desde este enfoque consideramos la participación como algo valioso en sí mismo, algo digno de aprecio.

© narcea s. a. de ediciones

Aplicando esta distinción al ámbito socioeducativo el primer enfoque implica utilizar la participación como una metodología útil y eficaz de trabajo con grupos, bien sea para fines asociativos, formativos o socializadores, entre otros. La segunda perspectiva conlleva considerar la participación como un valor en sí mismo, y por tanto trabajarla con programas en los que el objetivo fundamental sea educar en la participación.

Pero identificar la participación con un valor (instrumental o finalista), no significa que justifiquemos su existencia en base a un acto de fe, a un mero postulado voluntarista, irracional o mágico. Algo en lo que tantas y tantas veces termina convirtiéndose esta palabra, omnipresente en cualquier programa institucional o discurso político que se precie. En cambio lo que ya no resulta tan común es considerar la participación no sólo deseable por razones éticas o educativas, sino también y sobre todo por razones científicas. Es más, yo diría que la participación es valiosa y deseable precisamente porque ciencias como la Biología, la Antropología o la Sociología nos han demostrado con sus avances más actuales, que la participación social es una necesidad biológica y necesaria para un buen funcionamiento de la sociedad. Y esto lo podemos constatar desde las aportaciones científicas de diferentes disciplinas (Bunge, 2004).

Desde la Psicología Social

La teoría del grupo de referencia de Merton ha demostrado que los seres humanos sufren insatisfacción no sólo con las privaciones, sino también cuando se hallan en condiciones ostensiblemente peores que sus vecinos, siendo dicho sufrimiento mayor cuanto mayor es la desigualdad experimentada. La consistencia de esta teoría encuentra hoy día en nuestras propias fronteras y en la creciente oleada de inmigrantes procedentes de África, una patente, patética y *patérica* demostración (quiero advertir que la similitud de estos adjetivos no sólo es formal o fonética –un mero juego de palabras– sino también etimológica: patera viene de la palabra latina *pátera,* una especie de cuenco con poco fondo –según María Moliner– utilizado en la Antigüedad para los sacrificios paganos, con el fin de conseguir el beneplácito de los dioses. No podría haber mejor término, por tanto, para denominar a esas pateras que continuamente llegan a nuestras costas en las que se inmolan las víctimas propiciatorias de un mundo injusto ante el altar del dios del Progreso con la esperanza de conseguir su beneplácito).

Desde la Sociología

La Sociología ha demostrado de igual modo que el incremento de la participación e integración ciudadana aumenta la cohesión social, en la misma medida que el crecimiento de la exclusión social la disminuye.

La Politología

También ha *constatado* que las sociedades divididas y desiguales son turbulentas e inestables, tanto desde el punto de vista político, como social. Recientes estudios demuestran que los índices de felicidad aumentan en función del mayor grado de participación individual de los ciudadanos en las tareas sociopolíticas de su comunidad, una proporción triple a la causada por el aumento del sueldo (Punset, 2011).

La Biología

Pero los datos más evidentes y novedosos de la dimensión socio-grupal del ser humano nos los aporta la biología y los registros arqueológicos hallados del pasado evolutivo del ser humano. Gracias a ello, se puede afirmar que el grupo es una emergencia en el proceso evolutivo del ser humano que surge como una necesidad ante tres características determinantes en el proceso de hominización (Caparros, 2012:160-163): la bipedestación o bipedismo, la dificultad progresiva del parto, la inmadurez de las crías.

Dichas características, cada una a su manera, han contribuido al nacimiento del grupo como estructura emergente en respuesta a una serie de necesidades desencadenadas a lo largo del proceso evolutivo de los homínidos.

Y así, la conquista del bipedismo, supuso en su momento una auténtica conquista de libertad de acción y de interacción al permitir la liberación de las extremidades delanteras para el desarrollo de la primera tecnología consistente en la fabricación de herramientas y utensilios. Al mismo tiempo, el bipedismo llevó a pasar de la protección otorgada por la selva y los arboles, a la vulnerabilidad de la sabana, en donde la visibilidad era mayor y la huida a dos extremidades más lenta que a cuatro. Ello obligaba a agruparse para poder sobrevivir. De igual modo, el bipedismo aumentó la dificultad del parto, lo cual incrementaba aún más la vulnerabilidad, llevando a buscar en los otros la necesidad de protección.

Por último, a medida que se incrementaba la dimensión social de los homínidos para atender a todas estas necesidades, se hacía necesario un "útero social" posterior al útero biológico materno, lo cual derivó en una inmadurez de las crías al nacer que debían ser protegidas posteriormente y convenientemente acompañadas en su proceso de aprendizaje social en interacción con los demás miembros del grupo.

Este proceso de crecimiento extra-uterino cobra una especial relevancia respecto del cerebro, que se llega a duplicar durante el primer año de vida, lo cual hace necesario pasar a una dieta carnívora de cada vez mayor valor energético, ya que el 25% de las calorías necesarias para el organismo, las consume el cerebro. Ello obliga a conseguir alimentos difíciles de cazar, en cada vez más amplios territorios y expuestos a peligrosos depredadores. Todo ello, conllevó un crecimiento del grupo no sólo en número sino también en complejidad de relaciones, estrategias y comunicación.

Todo este periplo culmina en el nacimiento del grupo humano con la aparición del Homo Sapiens para responder a una serie de necesidades asociadas a esta especie, tales como las relaciones estables de pareja, la educación de la prole y el mantenimiento de unidades económicas domésticas.

De todo ello, se deduce que el ser humano es un animal social que necesita de la interacción grupal para sobrevivir, pero no sólo eso.

La Neurociencia

Los últimos avances de las neurociencias también nos aportan una serie de evidencias que además de ratificar la naturaleza social y colaborativa del ser humano, van más allá afirmando que la interacción grupal no es un rasgo más de su humanidad sino de su misma condición. Las personas se construyen como tal a través de los demás, es decir mediante el efecto que producen en los demás y a través de las impresiones que de cada uno se forman los demás (Pines, 2012). De este modo, podemos afirmar que la sociedad es el espejo del ser humano, de manera que vamos configurando nuestra identidad y el conocimiento de nosotros mismos desde el mismo nacimiento (mediante evidencias demostradas como la búsqueda del contacto visual y la imitación de las expresiones faciales del bebé) a través del conocimiento de los demás. Malcolm Pines (2012: 333-334) cita las investigaciones neurobiológicas de Freeman para indicar que la estructura del cerebro humano es intencional y está dotada de una *creatividad expansiva* capaz de autoorganizar su propio moldeamiento en interacción con el medio. En definitiva según esta teoría, los cerebros se modelan por el medio o entorno que a su vez los diseña como agentes de construcción social.

A partir de estas y otras aún más recientes investigaciones, por primera vez podemos afirmar que nos encontramos ante una fundamentación neurobiológica de la participación social (Damasio, 2013). Definitivamente, el sujeto humano se construye en la alteridad. Llegamos a nosotros mismos a través de las relaciones con los demás. El grupo, por tanto, no es sólo una forma humana de trabajar sino la matriz generadora de su propia identidad. Por ello, el aprendizaje de la participación no es una habilidad social más, sino un meta-aprendizaje, la base y condición de todo aprendizaje humano.

Damasio en sus últimos trabajos (2013:168-169) sitúa la base neural de la cooperación o participación social en el lóbulo frontal ventromediano. Según se ha demostrado en investigaciones de imaginería funcional, las estrategias participativas liberan dopamina. La cooperación, activa regiones cerebrales implicadas en la liberación de dopamina y en el comportamiento del placer, de tal forma que es una actividad autocompensatoria o, como diría Trilla, *autotélica*, al igual que el ocio.

Siguiendo a Damasio, la cooperación en los seres humanos (al igual que en los mamíferos superiores) es un fenómeno adaptativo desde el punto de vista evolutivo, de manera que tiene una base genética, pero necesita de un "ajuste fino" socioeducativo (2012:181). De la misma manera, la democracia, lejos de ser un artificio humano meramente cultural, es una extensión de la búsqueda de equilibrio de la vida (homeostasis) en su búsqueda de la supervivencia y de bienestar. La Democracia, siguiendo este argumento, es una aspiración natural fruto del pacto entre la autopreservación de la especie (meta de la vida cuya traducción bíblica estaría en el mandato divino de "creced y multiplicaos") y el esfuerzo exitoso por conseguirla.

Definitivamente, el cerebro humano está conformado para cooperar con otros. Es uno de los últimos y más revolucionarios hallazgos de la neurociencia: la confirmación de la predisposición cerebral humana para la cooperación social y la activación de los mecanismos cerebrales de placer-recompensa cuando aquella se ejecuta. Por tanto, podemos afirmar que la finalidad última de la participación es la felicidad y el bienestar. Y este mecanismo tiene su base en un isomorfismo biológico-social: la cooperación social es una replicación de la cooperación cerebral.

La participación como condición de modernización y progreso social

Si enfocamos nuestro tema desde la aportación de las actuales Ciencias Sociales, el desarrollo de la participación se ha ido complejizando al ritmo de la evolución de nuestras sociedades hasta convertirse, como dice del Pino (2001:13-14): "en una de las notas que distinguen a la modernización como proceso de cambio social". El proceso de modernización que define a nuestra sociedad actual podemos decir que se caracteriza por tres rasgos fundamentales:

- *La secularización*, mediante la cual asistimos a un progresivo desencantamiento del mundo y su consiguiente racionalización. La secularización, en definitiva, nos pone de manifiesto que el ser humano está sólo ante el peligro y –utilizando una expresión de Ortega y Gasset– *se las tiene que ver con la realidad* que le toca vivir, sin esperar a *deus ex maquina*, fuerzas externas o mágicas que le vengan a rescatar o eximir de dicha responsabilidad.
- *La complejidad* progresiva de nuestra Sociedad supone una institucionalización del cambio, del conflicto, de la incerti-

dumbre y de la producción de información. Un proceso que a su vez exige un perfeccionamiento de los métodos para gobernar y generar consenso, que pasa finalmente por una mayor y más extensa implicación del ciudadano en la toma de decisiones ante lo público.

• *La emancipación progresiva del ser humano* que se va haciendo explícita a través de nuevas conquistas, fuerzas e ideologías liberadoras que extienden la permisividad a conductas que hasta hace poco chocaban contra valores tenidos por incontestables y tabúes. Este mismo proceso emancipatorio impulsa hacia mayores niveles intensivos y extensivos de participación en todas las esferas de la vida no sólo política, sino también social, cultural, económica, educativa, jurídica, laboral o religiosa.

Vemos, por tanto, cómo todos y cada uno de estos procesos de modernización y progreso social, precisan del desarrollo de la participación de los ciudadanos para poderse implementar. La participación, de este modo, lejos de ser una moda, un capricho o un deseo más o menos ideológico o voluntarista, se constituye en un signo y una necesidad de nuestro tiempo, que necesita de procesos de enseñanza-aprendizaje cada vez más complejos y sistematizados.

FORMACIÓN PARTICIPATIVA Y FORMACIÓN PARA LA PARTICIPACIÓN: ENFOQUES Y METODOLOGÍA

Otra de las fuentes de las que la didáctica de la participación ha de nutrirse es en la de los métodos de formación más idóneos y adecuados a su objeto y finalidad. O dicho de otro modo, de qué manera se pueden aplicar los principios de la didáctica de la participación al ámbito instructivo. Para ello, creo necesario distinguir dos estrategias o maneras de enfocar la formación en relación a la participación: *formación para la participación*, en la que además de medio de aprendizaje, la participación es el objeto y contenido mismo de la formación; y la *formación participativa,* donde la participación se utiliza como medio de formación.

Aprender a vivir juntos: meta de la formación para la participación

El Informe encargado por la UNESCO (1996) a la Comisión Internacional sobre Educación para el siglo XXI, presidida por Delors, establece cuatro pilares de la educación:

- *Aprender a conocer:* contiene el conjunto de conocimientos formales y académicos necesarios para comprender la vida y el mundo en el que vivimos.

- *Aprender a hacer:* contenido fundamentalmente en la formación profesional dirigida al trabajo, la producción y el desarrollo técnico y empresarial.

- *Aprender a vivir juntos:* aquí es donde se ubica el aprendizaje de la participación como capacidad de trabajar en equipo, de convivir y cooperar con los demás para mejorar el entorno y alcanzar metas comunes.

- *Aprender a ser:* es la síntesis de los tres aprendizajes anteriores que concluye y confluye en un una formación y desarrollo integral del ser humano.

Por tanto, la meta de la formación para la participación ha de consitir básicamente en el *aprendizaje de la convivencia*, lo cual implica:

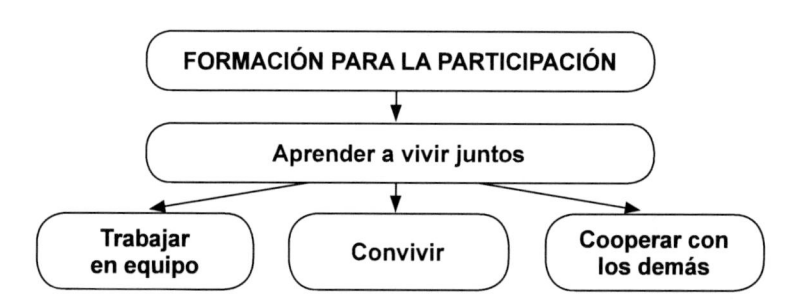

```
FORMACIÓN PARA LA PARTICIPACIÓN
            ↓
   Aprender a vivir juntos
    ↙         ↓         ↘
Trabajar   Convivir   Cooperar con
en equipo              los demás
```

Esta importante dimensión educativa que conlleva la formación para la participación, contrasta con la poca atención que la educación formal le dedica, a pesar de ser la capacidad más demandada por parte de las empresas y la más decisiva para asegurar la convivencia y cohesión de la sociedad actual. Este vacío, hace aún más urgente y necesario el desarrollo de una didáctica de la participación, así como su implantación en los programas de educación tanto formal como no formal.

La metodología activa como base de la formación participativa

Los métodos activos, lejos de ser una innovación pedagógica actual, forman parte de la tradición renovadora de los movimientos pedagógicos procedentes de la Escuela Nueva de finales del siglo XIX y principios del s. XX (Hernández, 1997) y de las pioneras aportaciones del gran pensador y pedagogo norteamericano Dewey (1995) y de Guichot (2003). Este enfoque pedagógico, asociado históricamente a la educación de adultos, ha influido igualmente en la animación sociocultural, hasta el punto de constituir su fundamentación metodológica más definitoria.

Sin embargo, no es hasta hace unos pocos lustros, cuando los principios de la metodología activa han empezado a fundamentarse con evidencia científica (Ventosa, 2004:25-26) hasta ser totalmente corroborados por las actuales investigaciones aportadas por las neurociencias (Nieto, 2011, Mora, 2013).

El primer elemento diferenciador al que se recurre en Pedagogía para definir el método activo es *la actividad* que ha de desarrollar el aprendiz para poder alcanzar el aprendizaje pretendido, frente a otros procedimientos didácticos en los que predomina la receptividad de aquel ante lo que ofrece, dicta o enseña el profesor. Es algo obvio que los métodos activos implican especial grado de actividad por parte del alumno, pero esta condición si bien es necesaria, no parece suficiente. De hecho este rasgo por sí solo no es lo suficientemente diferenciador respecto a otros métodos con los que se contrapone. Son diversos los autores (Salas y Quereizaeta, 1975) que hace tiempo advirtieron sobre la presencia de actividades realizadas por los alumnos de la escuela tradicional (ejercicios, redacciones, dibujos…), sin que esto signifique que estuvieran desarrollando necesariamente una metodología activa. Por otro lado, como veremos más adelante, todo aprendizaje para que llegue a consolidarse como tal, necesita cierto grado de actividad, si no física al menos mental u observacional.

Otra de las características utilizadas para definir los métodos activos es *la participación* de los alumnos. Y es que, efectivamente, ésta no sólo es una característica de aquellos sino su misma condición de posibilidad. La actividad del alumno sólo se desarrolla a través de la participación de éste en su mismo proceso de aprendizaje. De ahí que podamos definir la participación como el medio o instrumento necesario para poder implementar una metodología activa. Esta es la razón fundamental por la que asociamos la didáctica de la participación a los métodos activos y su aplicación a través de las *técnicas* de participación.

Con ello no sólo pretendo ofrecer una visión más integral y completa del tema, sino contribuir a clarificar y deslindar conceptual y epistemológicamente el nivel que dentro de éste le corresponde a los métodos respecto de las técnicas. Algo que, en mi opinión y hasta la fecha, no sólo no se ha emprendido sino que incluso se tiende a mezclar y confundir, utilizando indistintamente ambos niveles y términos sin demarcación alguna.

En este sentido podemos comprobar cómo en las escasas publicaciones de nuestro entorno sobre métodos activos, o bien se alude a métodos activos tanto para explicar los rasgos de dicha metodología como para describir las técnicas con las que llevar a la práctica aquella (Salas y Quereizaeta, 1975), o bien se llegan a identificar los métodos activos con la misma actividad (Gutiérrez, 1997) en un proceso de reducción del todo a la parte que –como ya hemos comentado– no nos resuelve el problema en cuestión.

En cambio donde sí encontramos un primer intento de integrar las técnicas participativas en un "marco metodológico" que las fundamente (la educación popular) es en la ya clásica obra de Vargas y Bustillos: Técnicas *participativas para la educación popular* (1993:5-22) si bien es verdad que, para hacer justicia, hemos de puntualizar que este mérito lo comparten los autores con el Equipo Claves, encargado de la introducción a dicha edición.

Tanto la participación en cuanto técnica como la actividad en cuanto contenido, si bien constituyen componentes necesarios y característicos de los métodos activos, no son suficientes ni aún exclusivos de aquellos. En este sentido tiene razón Carlos Carreras cuando afirma en una reciente obra que *el método activo sólo puede ser participativo*, pero no así al revés (2003:76, 80-81).

Efectivamente, las técnicas participativas no son privativas de los métodos activos; por ejemplo, podemos encontrarnos con diferentes comportamientos participativos en los asistentes a los largo de una metodología magistral (técnicas grupales, dirigidas...) propuestos por el profesor como apoyo coyuntural, motivador o complementario a sus exposiciones, sin que ello quiera decir que éste llegue a transferir y compartir la dirección ni la iniciativa del proceso formativo con sus alumnos, condiciones éstas necesarias para poder hablar de métodos activos en el pleno sentido del concepto tal y como lo vamos a utilizar aquí. En el primer caso, siguiendo la misma propuesta de Carreras, hablaremos de un método magistral participativo para distinguirlo del método magistral pasivo, pero en ambas modalidades el formador adopta el mismo rol de *magíster* (dirección, jefatura) respecto al control de los procesos de aprendizaje, siendo los alumnos meros receptores y seguidores de los mismos.

En consecuencia, la adopción auténtica de un método activo implica no sólo la incorporación de ciertos componentes al aprendizaje (actividad, participación) sino sobre todo exige un cambio radical de actitud y de función en el mismo proceso de enseñanza-aprendizaje, un cambio que afecta, por un lado a los roles tanto del profesor como los del alumno, y por otro a la direccionalidad del mismo proceso formativo.

En el primer caso el profesor deja de ser magíster para convertirse en *animador o facilitador* de los procesos de aprendizaje (Maillo, 1979:31-36, Carreras, 2003:76), al tiempo que el alumno pasa de agente pasivo a agente activo de su educación (Salas y Quereizaeta, 1975:119). Por ello necesitaremos de las aportaciones de la Animación Sociocultural especialmente las referidas al perfil de sus agentes para poder concretar cuáles son las funciones que ha de adoptar el nuevo educador en cuanto animador, para hacer efectivas las virtualidades de los métodos activos; además la Animación Sociocultural nos ofrecerá el marco de referencia necesario para trascender y optimizar el usual alcance de la metodología activa, de forma que no sólo sea una *educación por la acción* (enfoque instrumental y didáctico de los métodos activos) sino también y sobre todo una *educación para la acción* (enfoque finalista y sociocultural) (Vargas, Bustillos y Marfán, 1993:9).

En cuanto a la direccionalidad del proceso de enseñanza-aprendizaje, la adopción de una metodología activa implica abandonar el monopolio ostentado por el formador en la dirección del proceso formativo, para pasar a compartir esta dirección con los alumnos, de tal modo que éstos puedan *seguir su propio camino* (Carreras, 2003) en el desarrollo de su formación.

Para apuntalar esta segunda transición, necesitaremos más adelante de las aportaciones de la Teoría de la Comunicación tanto a la Educación (Sarramona, 1988) como a la Animación Sociocultural (Froufe y Sánchez, 1990, Viche, 1991, Ventosa, 1998). De este modo comprobamos cómo los métodos activos requieren la adopción de una comunicación horizontal y bidireccional en la que los dos polos de la misma –profesor y alumnos– sean indistinta y recíprocamente emisores y receptores, frente a otras formas de comunicación más verticales y unidireccionales.

A partir de todo lo anterior ya estamos en condiciones de proponer una clasificación de métodos de enseñanza a partir de las tres variables descritas: *actividad, participación* y *direccionalidad.*

- Atendiendo a la *actividad:* podemos diferenciar los métodos activos de los receptivos.
- En función de la *participación:* distinguiremos los métodos participativos de los métodos no participativos o pasivos.
- Según la *direccionalidad,* podemos hablar de métodos directivo, codirectivo o colaborativo y autodirectivo (libre o autodidáctico).

A partir de esta clasificación, podemos caracterizar a la formación participativa como aquel tipo de formación que utiliza estrategias codirectivas y autodirectivas en su aplicación. Advirtamos, no obstante, que aunque el método autodidáctico no es propiamente un método activo al no existir ninguna función docente –tan sólo discente– sí que implica un nivel de máxima participación por parte del alumno y es la meta ideal hacia la que tiende la Animación Sociocultural.

4/ LIDERAZGO Y PARTICIPACIÓN
LOS AGENTES

A primera vista los conceptos de liderazgo y participación pudieran parecer difíciles de casar. El ejercicio de liderazgo se asocia con la dirección y el poder de quien ejerce de líder para conducir, persuadir e influir (cualquiera de estos conceptos se suelen utilizar en las diferentes definiciones dadas al respecto) en un grupo de cara a conseguir determinadas metas. En cambio la participación de un grupo en la toma de decisiones supone la transferencia del poder a sus integrantes. Este es el objetivo de la Animación Sociocultural desde donde abordamos el tema de la participación.

Pero si relacionamos el Liderazgo con la Animación Sociocultural, entonces la relación parece aún más difícil de establecer.

El concepto de liderazgo, se suele identificar con el ejercicio del poder y de la autoridad por parte del líder para conducir a una serie de personas o grupos a determinadas metas no necesariamente establecidas o propuestas por quienes tienen que cumplirlas. En cambio la Animación Sociocultural pretende transferir ese poder al grupo, *empoderarlo*, para implicarlo en la consecución de unos objetivos que han de responder siempre a sus propios intereses.

La función básica del liderazgo es la función directiva y la meta los *resultados* a los que conduce. Lo fundamental en la ASC es la participación y la finalidad, los procesos que aquella desencadena.

Así las cosas, mi pretensión de tratar el tema del liderazgo en un libro sobre didáctica de la participación, bien pudiera parecer un contrasentido abocada al fracaso o como mucho a un forzado y artificioso ejercicio retórico.

Sin embargo mi foco de atención no lo fijaré en la noción genérica de liderazgo sino en uno de sus tipos, seguramente el menos estudiado hasta el momento.

Me refiero al *Liderazgo Social*, entendiendo éste como ese tipo de liderazgo que se ejerce no sólo con una finalidad social (en este sentido existen liderazgos políticos o empresariales que entrarían dentro de esta categoría) sino también desde las entidades y organizaciones de la sociedad civil (por ejemplo el liderazgo desarrollado desde ONG, Fundaciones u otro tipo de instituciones asistenciales o de cooperación) y dentro de ésta última categoría, nos centraremos especialmente en el liderazgo social desarrollado sobre todo en el sector no lucrativo dentro del ámbito del asociacionismo y de los grupos de base, desde los movimientos y procesos socioculturales actuales que de manera directa o indirecta desarrollan sus proyectos bajo enfoques y principios de la Animación Sociocultural.

En adelante me referiré a esta modalidad con el nombre de *Liderazgo Social Participativo* (LSP). Un tipo de liderazgo que podemos caracterizar por una serie de rasgos diferenciales:

- Alejado de la visión individualista del líder, se centra en un liderazgo *compartido de tipo horizontal e inclusivo* comprometido con el desarrollo del tejido social mediante la participación activa del grupo o comunidad. Un liderazgo contextualizado y dependiente por tanto de la situación que le da origen.
- Acentúa más las funciones de *motivación, dinamización y movilización* del grupo que las funciones directivas y de gestión.
- Centrado más en las *habilidades y competencias emocionales y sociales* que en los conocimientos y competencias técnicas.
- Su meta está *orientada más a los procesos* de participación, creatividad, comunicación y al establecimiento de relaciones grupales e interpersonales, *que al logro de unos determinados productos* o resultados finales.

Como síntesis y recapitulación de lo dicho, aportamos la Tabla 4.1 que nos ayuda a diferenciar y caracterizar los rasgos más destacados identificativos del Liderazgo Social Participativo.

Tabla 4.1. Caracterización comparada del Liderazgo Social Participativo

CARACTERÍSTICAS	LIDERAZGO GENÉRICO	LIDERAZGO SOCIAL PARTICIPATIVO
Estilo	Individual	Compartido. Situacional
Funciones	Directivas y de gestión	Motivación, dinamización, y movilización
Competencias	Técnicas	Emocionales y sociales
Meta	Orientado al logro/producto. Cumplimiento de objetivos	Orientado a desencadenar procesos de participación, comunicación, creatividad, relaciones...

DEFINICIÓN, CARACTERÍSTICAS Y TIPOLOGÍAS DE LIDERAZGO

Una ilustrativa manera de iniciar el acercamiento al significado del concepto de líder es fijándonos en el origen etimológico. En este sentido *"líder"* procede de la palabra inglesa *leader* = *guía*. Y esta a su vez guarda relación con la raíz latina: *lis-litis,* de la que deriva nuestro término castellano antiguo de *lid* = *disputa, querella*. Teniendo en cuenta lo dicho, el líder es por un lado un guía que indica el camino o *conduce al grupo hacia una meta;* y por otro el líder es quien está inmerso en una "lid" o disputa y por tanto, alguien que tiene capacidad para *analizar, iluminar* o resolver un problema. Curiosamente estas dos dimensiones del liderazgo coinciden con las dos funciones fundamentales del animador (Ventosa, 2002:19 y ss.) indicadas también en su raíz etimológica: Animus (poner en relación, movilizar, conducir...)

y Anima (dar sentido, iluminar…). A la primera función la denomino *función relacional*, porque está centrada en el mantenimiento de la comunicación e interrelación entre los miembros de un grupo y a la segunda función la llamo *función productiva* porque está centrada en la tarea o rendimiento del grupo.

Además del acercamiento etimológico, para terminar de delimitar y describir nuestro tema, podemos partir de una serie de características comunes a cualquier tipo de liderazgo derivadas de una definición genérica de lo que se entiende por este concepto: *proceso por el cual una persona o grupo influyen en un conjunto de individuos para conseguir una meta común* (Carreras, Leaverton y Sureda, citando a Peter Northouse, 2009:23).

A partir de aquí, podemos resumir los rasgos más característicos del liderazgo: un *proceso*, un *contexto grupal*, una *capacidad para influir* y un *objetivo o meta compartido*.

- *Proceso:* el liderazgo no es un acto puntual, coyuntural ni oportunista, sino un proceso que requiere tiempo, continuidad y seguimiento.
- *Contexto grupal:* todo proceso de liderazgo y especialmente el liderazgo social se realiza en y desde un contexto grupal en al menos tres niveles: el propio grupo sobre el que se ejerce el liderazgo (intragrupo), los grupos con los que el grupo liderado se relaciona (intergrupos) y el medio social en el que se está inmerso (relaciones con los medios, instituciones y sectores sociales del entorno).
- *Influencia:* la capacidad de influir en los demás para conseguir determinados objetivos quizá sea el rasgo más característico y definitorio del liderazgo y lo que le diferencia a la vez de otro tipo de estrategias de intervención y de gestión de recursos humanos (dirección, imposición…).
- *Objetivo compartido:* uno de los factores que hacen efectivo el liderazgo es el valor de la causa o meta por la que se ejerce, así como la capacidad de aglutinar y cohesionar en torno a dicha causa a un colectivo de personas.
- *Carisma:* este rasgo, vinculado a las habilidades de comunicación, a las competencias emocionales y los rasgos de personalidad, es especialmente importante en los liderazgos indi-

viduales y, junto con el atractivo de la meta o causa común, es lo que aporta al líder su verdadero poder de movilización y capacidad de convocatoria.

Modalidades, funciones y tipologías

Este conjunto de características comunes a todo liderazgo se aplican en diferente medida según las diversas modalidades de liderazgo existentes:

- *Político:* el liderazgo político es posiblemente del que más se habla y supone por tanto la modalidad más extendida y analizada, hasta tal punto que usualmente desde el lenguaje coloquial se llega a confundir la parte con el todo, identificando al líder con el político sin más. Esto ha contribuido a que la palabra líder sea recibida con recelo, cuando no con rechazo, por parte de muchos colectivos sociales de base y asociaciones en general.

- *Empresarial:* junto con el líder político, el empresarial es el tipo de liderazgo más estudiado y conocido, especialmente en los últimos tiempos en los que los nuevos estilos de dirección, gestión empresarial y de recursos humanos, consideran el liderazgo más acorde con los tiempos y hasta más eficaz que el estilo tradicional de dirección y gestión de tipo autoritario, jerárquico y vertical.

- *Religioso:* nos referimos con esta denominación al liderazgo espiritual que ejercen o han ejercido a lo largo de la historia, determinadas figuras representativas de diferentes confesiones religiosas, opciones éticas o simplemente con una personalidad capaz de dejar huella y ejemplaridad en la Sociedad.

- *Sindical:* con muchas similitudes con el liderazgo político, aunque suele ser más participativo y vinculado a las bases a quienes representan en la defensa de los derechos laborales y en la lucha por la mejora de las condiciones de los trabajadores.

- *Intelectual:* este tipo de liderazgo lo ejercen los llamados *líderes de opinión*, utilizando para ello tanto los medios de comunicación clásicos (prensa, radio, TV…) o las más actuales y revolucionarias Tecnologías de Información y Conocimiento (TIC), especialmente las redes sociales y los blogs asociados a Internet y a los cada vez más sofisticados soportes para producirlos, reproducirlos, difundirlos (móviles, smartphones, portátiles, neetwork, tabletas, consolas y demás reproductores…).

De todas estas modalidades de liderazgo descritas, seguramente la menos estudiada de todas sea la social tal y como la definimos en el apartado anterior. En este sentido, podemos afirmar que actualmente el Liderazgo Social es un concepto en construcción del que apenas existen estudios (Carreras, Leaverton y Sureda, 2009).

A la hora de clasificar y establecer tipos de liderazgo (ver Gráfico 4.1), tradicionalmente los pronunciamientos teóricos en torno a la naturaleza del liderazgo se han posicionado en torno a tres enfoques:

Enfoque individualista o carismático, que entiende el liderazgo como un rasgo propio de determinadas personalidades, independientemente del contexto en el que se ejerza. Desde esta perspectiva el liderazgo es un rasgo característico y absoluto propio del carácter de determinadas personas independientemente de las situaciones o contextos en los que éstas se hallen.

Enfoque grupal o situacional, que concibe el liderazgo como una función o misión que un determinado grupo o contexto otorga a una o varias personas en función de determinadas situaciones. En esta visión el liderazgo no es un rasgo absoluto y propio de la persona sino una función coyuntural y relativa que se otorga a una o varias personas para que la ejerza en un determinado contexto o situación y no en otra.

Entre ambos extremos podríamos hablar de un *enfoque intermedio o ecléctico,* que entiende el liderazgo como una función que se genera dentro de un grupo o contexto específico (dimensión situacional) y que recae en una o varias personas que tienen una serie de condiciones para poderlo ejercer (dimensión individual, cualificación, formación).

Centrando nuestra atención en el tipo de liderazgo al que nos referimos en estas páginas, *el liderazgo social, es el tercer enfoque,* el que aparece como más plausible, y podemos caracterizarle con arreglo a las dos grandes funciones del líder social: la *función relacional o de mantenimiento* y la *función productiva o*

```
        LIDERAZGO
        SITUACIONAL
        CUALIFICADO

      Individuo + Situación

   LIDERAZGO         LIDERAZGO
   INDIVIDUAL/        GRUPAL/
   CARISMÁTICO       SITUACIONAL
```

Gráfico 4.1. *Tipos de liderazgo*

de rendimiento (Francia y Mata, 1999). Ambas dimensiones encuentran su sentido y fundamento en la doble raíz etimológica del concepto animación: Animus: movilizar, dinamizar, poner en relación (función relacional, centrada en el mantenimiento del grupo); y Anima: dar vida, dar sentido (función productiva, centrada en la tarea del grupo) (Ventosa, 2002):

- *Función relacional o de mantenimiento (Animus)*: centrada en el mantenimiento de las relaciones entre los miembros del grupo. Desde esta perspectiva, el líder social tiene que facilitar el desarrollo del grupo, a través de funciones tales como:
  – Conocimiento de las características del grupo al que va dirigida su acción.
  – Facilitador de la participación tanto desde un punto de vista instrumental (como método de trabajo) como finalista (como meta o valor en sí mismo para conseguir la autonomía individual y grupal) entre los miembros del grupo.
  – Posibilitador de la comunicación, las relaciones personales y el clima positivo en el grupo.
  – Propiciar el humor, y un clima agradable de convivencia.
  – Estimular la autonomía del grupo con vistas a su autoorganización.
  – Inspirar confianza entre los miembros del grupo creando un ambiente seguro y relajado.

- *Función productiva o de rendimiento (Anima)*, constituye la otra gran tarea del líder social, mediante la cual éste orienta al grupo hacia la consecución de determinados logros o metas socioculturales. Y es que para que un grupo funcione bien y madure, no basta con que sus miembros se sientan bien –dimensión relacional o de mantenimiento– sino que además ha de intentar conseguir una meta a través del desarrollo de actividades de su interés. En esta línea podemos mencionar determinadas funciones a desempeñar:

  - Conocimiento del medio y de los recursos en él existentes potencialmente aprovechables para el desarrollo de actividades y proyectos.
  - Manejo de las técnicas de animación que impliquen la consecución de objetivos propios del grupo.
  - Organizar y dinamizar los recursos sociales y comunitarios existentes implicando al mayor número de agentes sociales e instituciones.

A partir de aquí, existen múltiples tipologías de liderazgo, muchas de ellas desarrolladas de una manera un tanto artificial como reconocen algunos autores (Francia y Mata, 1999:92). La más conocida es la clasificación clásica que agrupa y diferencia a los lideres en relación a cómo gestionan el poder respecto del grupo (Pascual, 1987):

- Autocrático: estilo autoritario. Acapara el poder.
- Democrático: estilo participativo. Comparte el poder.
- Permisivo (*laissez-faire*): Transfiere el poder, deja al grupo a su libre iniciativa.

El Liderazgo Social

Aquí me centraré en mi propia propuesta, elaborada específicamente para el *liderazgo social* en cuanto Animación Sociocultural, entendiendo al líder social como animador y clasificándolo según su estatus o rol respecto del grupo. Según estas premisas, podemos clasificar y describir los tipos de líderes (Ventosa, 2002:146-149) que figuran en la Tabla 4.2.

Tabla 4.2. Tipología de Liderazgo Social

VARIABLES	Relación grupal	Denominación	Estatuto	Actuación	Nivel intervención	Requisitos	Cualidades
LÍDER NATURAL	Egocéntrica Centrípeta El monitor centraliza las relaciones	Líder natural o espontáneo	Carismático Espontaneidad	Interna : Actúa desde dentro del grupo	Intragrupal	Carisma personal Confianza grupal	Identificación grupal Empatía Espontaneidad Don de gentes Entusiasmo
VOLUNTARIO	Exocéntrica Centrífuga El grupo centraliza las relaciones	Líder Militante o Voluntario	Ético Militancia	Interna-Externa Actúa desde dentro y/o desde fuera del grupo	Inter-grupal	Actitudes Aptitudes Confianza Institucional	Altruismo Alta Motivación Alta Inserción en el medio
PROFESIO-NAL	Dialéctica y relacional El monitor interactúa con el grupo	Líder profesional	Profesional Contractual	Actúa desde fuera y con múltiples grupos	Institucional	Cualificación Competencia Profesionalidad	Objetividad Visión global Dedicación Estabilidad Especialización

Enfoques del Liderazgo Social

Atendiendo a los diversos tipos de organizaciones sociales existentes en la actualidad, podemos distinguir diferentes enfoques del liderazgo social:

- *Político:* en donde el líder social ejerce una función de contrapoder frente a Estados, Gobiernos u otros poderes fácticos. Es el caso del liderazgo ejercido en Organizaciones no gubernamentales que luchan contra la pena de muerte (Amnistía Internacional), la protección medioambiental (Greenpeace) o los derechos humanos.
- *Asociativo:* ejercido principalmente en asociaciones sociales, culturales o educativas, donde el liderazgo tiene una fuerte dimensión social.
- *Cooperante:* suele estar presente en aquellas ONG dedicadas a la Cooperación Internacional a través de programas específicos (sociales, educativos, sanitarios…) o dirigidos a poblaciones específicas (infancia, juventud, adultos, ancianos, discapacitados, inmigrantes, mujeres…).
- *Cultural:* es el tipo de liderazgo predominante en las Fundaciones Culturales e instituciones de mecenazgo cultural y educativo, muy centrado en la gestión y en la dimensión técnica y artística.

Ámbitos de Liderazgo Social

Los espacios en donde se desarrolla este tipo de liderazgo también los podemos clasificar en función de sus características que definen a las instituciones que los acogen:

- Organizaciones no gubernamentales (ONG), es quizá uno de los ámbitos más visibles y extendidos del liderazgo social.
- Asociaciones, que tras las ONG representan posiblemente otro de los ámbitos más importantes en la presencia y ejercicio del liderazgo social, dada la diversidad de tipos asociativos existentes (juveniles, infantiles, culturales, deportivas, vecinales, de usuarios y consumidores, religiosas…).
- Colectivos, movimientos o grupos de base de carácter vecinal, comunitario o reivindicativo que aunque no llegan al grado

de organización ni a la estabilidad de las asociaciones, suelen tener mucho más impacto y visibilidad social.

- Entidades del tercer sector o de economía social, constituyen otro nicho importante de ejercicio de liderazgo social en donde se armoniza la finalidad económica con la social y el beneficio a la comunidad.
- Liderazgos sociales personalizados, centrados en la personalidad del líder más que en el ámbito de actuación o colectivo en el que actúa.

Características del Liderazgo Social

Aunque los líderes sociales comparten las características básicas, comunes a cualquier líder, existe una serie de rasgos que les identifican y diferencian de los demás:

- Objeto y misión compartida de carácter transformador.
- Dimensión y contexto grupal, tanto respecto de su equipo (interna) como respecto del resto de la organización (externa).
- Basa su influencia no en la jerarquía ni el estatus, sino en los valores compartidos con el resto de la Organización, en su coherencia y su credibilidad.
- Estilo participativo, alejado de posturas personalistas, jerárquicas y directivas.

Competencias de un liderazgo eficaz

Junto a estos rasgos específicos y diferenciales, el líder social ha de compartir una serie de competencias generalizables al resto de líderes, pero decisivas a la hora de ejercer un liderazgo efectivo:

- Habilidades *interpersonales y de comunicación*, basadas en una buena Inteligencia emocional orientada al desarrollo de los demás y a la comunicación.
- Capacidad para *fijar objetivos claros e inclusivos* con los que se identifiquen el resto de miembros de la Organización.
- *Autoconocimiento*: conocerse a sí mismo, sus posibilidades y sobre todo sus límites.

- *Integridad*: el líder en general ha de ser honesto, pero el líder social si cabe lo ha de ser y además parecer.
- *Aceptación y conciencia de diversidad:* no sólo ha de aceptar la diversidad, sino aprovechar sus sinergias para potenciar la identidad y la fuerza de la organización.
- *Habilidades políticas:* aunque el líder social no es un líder político en sentido estricto, sin embargo ha de tener las habilidades políticas suficientes para saber gestionar los conflictos e intermediar con las instituciones políticas y las Administraciones.
- *Razonamiento estratégico e imaginación visionaria*: el líder social ha de ir siempre por delante del aquí y ahora, sin perderse en las cotidianeidades del día a día y tranzando siempre un horizonte de los proyectos y las acciones de la Organización.
- *Orientación al usuario y a los resultados:* evitando las visiones egocéntricas y ombligistas en las que caen a menudo muchas organizaciones.
- *Habilidades negociadoras*: proponiendo fórmulas en las que ganen todas las partes.
- *Liderazgo participativo*: con capacidad para saber delegar y trabajar en equipo.
- *Capacidad de influencia*: basada no en la imposición, sino en la persuasión y en el prestigio.
- *Gestión del cambio:* frente a la tendencia al acomodamiento o a la inercia, el líder social ha de fomentar la innovación, sabiendo gestionar los conflictos que se deriven de ella.
- *Capacidad de mediar y resolver conflictos*, centrándose siempre en los problemas a superar y no en las personas que los producen, manteniendo siempre la ecuanimidad.
- *Saber tomar decisiones*, huyendo de la indefinición y de la pasividad ante situaciones o problemas en los que hay asumir o repartir responsabilidades.
- *Estilo participativo y colaborativo,* que resume y fundamenta como veremos ahora, la actitud principal del Líder social.

De entre todas esta competencias, las más destacadas por los propios líderes, según estudios realizados al respecto (Carreras, Leaverton y Sureda, 2009), son las competencias interpersonales orientadas al desarrollo de los demás, la integridad y honestidad y el estilo participativo y colaborativo.

Liderazgo e Inteligencia Social y Emocional

De la simple lectura de las cualidades y características que definen al líder social eficaz, comprobamos que la mayor parte de ellas se integran en lo que en la actualidad se conoce como inteligencia emocional y social. Por ello vamos a dedicar este apartado a analizar estos dos conceptos en relación a nuestro tema.

La Psicología clásica ha distinguido tres *tipos de inteligencia*: *abstracta*, centrada en el manejo de símbolos y conceptos; *concreta*, dedicada al manejo de los objetos, y *social*, orientada al manejo de las relaciones interpersonales.

Históricamente algunos autores atribuyen a Thorndike el nacimiento del concepto de Inteligencia Social en los años 20 del pasado siglo (Goleman, 2006) quien se refiere a la "Sabiduría Social" como aquella habilidad para entender y ayudar a que las personas actúen sabiamente en sus relaciones humanas.

Sin embargo los autores a los que se les consideran los padres del término "Inteligencia Social" son John Mayer y Peter Salovey, quienes la definen como aquella habilidad para percibir, comprender y manejar los sentimientos propios y ajenos.

Por otro lado existe otro acontecimiento que también contribuye decisivamente a que el concepto de inteligencia deje de enunciarse en singular para pasar a considerarse y analizarse en plural. Este mérito se lo tenemos que atribuir a Gardner y a la popularización de su teoría de las Inteligencias Múltiples (Gardner, 1988). De los ocho tipos de inteligencia que preconiza, nos interesan por la relación expresa con nuestro tema, fundamentalmente dos: *La inteligencia intrapersonal:* desde donde se accede al conocimiento o conciencia de sí mismo y a la autorregulación de nuestros impulsos y voliciones; y la *inteligencia interpersonal:* a través de la cual accedemos al conocimiento de los demás, a través de habilidades como la empatía, la capacidad de interacción y comunicación, la habilidad para resolver conflictos o la capacidad de influir en los demás. Este tipo de inteligencia es imprescindible en el trabajo de la Animación Sociocultural y por ello ha de formar parte de las habilidades y capacidades de un buen profesional de la animación.

Con todo, el auténtico difusor y popularizador del tema es Daniel Goleman, a partir de su libro *Inteligencia Emocional* (1996) auténtico best-seller en el que establece un modelo de inteligencia emocional compuesto por una serie de rasgos integrados en dos competencias básicas:

- *Competencia Personal:* compuesta a su vez de la conciencia de sí, la autorregulación y la motivación.
- *Competencia Social*: en donde se integran la empatía y las habilidades sociales.

En relación al liderazgo social nos interesa especialmente resaltar las principales competencias constitutivas de la llamada inteligencia social, ya que nos aporta una interesante información sobre las cualidades propias del líder social.

En este sentido, el modelo de Goleman (2006) divide en dos grandes dimensiones las competencias propias de la Inteligencia Social: la *conciencia social,* lo que *sentimos* sobre los demás determina el grado de sensibilidad social de cada sujeto; y la *aptitud social,* lo que *hacemos* con la conciencia social y constituye el grado de habilidad social.

Las herramientas o habilidades básicas con las que trabaja la inteligencia social son las siguientes:

- *Credibilidad*: resultado a su vez de una serie de rasgos tales como la sinceridad, la coherencia, el aprecio del otro, la confianza, la positividad y los valores compartidos.
- *Escucha activa:* no sólo dejar hablar para escuchar al otro, sino manifestar interés, atención y comprensión de lo que se escucha.
- *Empatía* o capacidad de ponerse en el lugar del otro. Es la base de la compasión y tras el descubrimiento de las neuronas espejo, tiene una fundamentación neurológica.
- *Proactividad* o actitud propositiva de plantear las cuestiones en positivo y en términos de propuestas y no de quejas o críticas destructivas (reactividad).
- *Retroalimentación* o feedback, planteando la comunicación en términos bidireccionales.

© narcea s. a. de ediciones

- *Capacidad perceptiva,* especialmente en las primeras impresiones.
- *Habilidad de comunicación,* poniendo los medios para su optimización y evitando los factores (verbales o no verbales) que la bloquean o dificultan.

De todas las definiciones dadas sobre Inteligencia social, la más completa en mi opinión es la de Howard Gardner (1988) que la considera una acumulación de saberes y experiencias generadas por comunidades y grupos sociales que se manifiestan en estrategias de convivencia y supervivencia y se operativizan en habilidades sociales individuales. En este sentido, hemos de distinguir dos tipos o niveles de Inteligencia social:

- *La organizacional:* conjunto de competencias necesarias para el cumplimiento de la responsabilidad social de las organizaciones. Entendiendo por "responsabilidad social", aquello que va más allá de lo legalmente exigible por parte de la Organización y de las obligaciones de sus miembros. Requiere de una inteligencia estratégica y de una visión holística de la realidad, capaz de de afrontar la complejidad, gestionar equilibrios y articular estructuras.
- *La individual:* o la inteligencia social del líder propiamente dicha como persona o individuo. Este tipo de inteligencia es la que permite la comprensión de uno mismo, así como el "saber estar" en relación a los demás.

LIDERAZGO SOCIAL PARTICIPATIVO

A partir de lo dicho, ya estamos en condiciones de poder definir el *liderazgo social participativo,* como aquel tipo de liderazgo social dirigido especialmente a enseñar a participar a un determinado grupo o colectivo mediante su implicación en proyectos sociales libremente elegidos por ese grupo o ese colectivo. En este sentido, el liderazgo social participativo, (Gráfico 4.2) es el resultado de aplicar los presupuestos y la metodología de la animación sociocultural al ámbito de la Participación social.

Para un ejercicio pleno del liderazgo social participativo, son necesarias tres tipos de competencias:

- *Emocional:* expresada básicamente en la conciencia y conocimiento de sí mismo, en la autogestión y el control de las propias emociones.
- *Social:* reflejada especialmente en la conciencia social y en la gestión de las relaciones con los demás.
- *Cognitiva:* sobre todo la capacidad analítica y conceptual, profundos conocimientos de su campo de intervención y amplia experiencia.

Animación Sociocultural + Participación Social ➡ LIDERAZGO SOCIAL PARTICIPATIVO

Gráfico 4.2. *Liderazgo Social Participativo*

De la integración de estos tres tipos de competencias (ver gráfico 4.3) se pueden extraer las que considero, desde la experiencia, como más importantes aplicadas al campo del liderazgo social participativo: *empatía, automotivación, resistencia a la frustración, capacidad motivadora y habilidad implicadora.* Mientras que las tres primeras podríamos decir que son comunes al liderazgo social genérico, las dos últimas afectan especialmente a la modalidad participativa del liderazgo social. Y son precisamente las que aporta el perfil del animador sociocultural en cuanto experto en motivación y participación social.

Como muy bien apuntan Carreras, Leaverton y Sureda (2009:45), el éxito de los líderes no depende tanto de lo que hacen como del modo de hacerlo. Esto supone un nuevo vínculo con el Animador Sociocultural caracterizado precisamente no por lo que hace sino por cómo lo hace (Ander-Egg, 2000:99). Este carácter procedimental de la animación es lo que definimos aquí como didáctica de la participación en cuanto que su misión principal y diferencial respecto de otros perfiles profesionales consiste en "enseñar a participar". Para cumplir exitosamente con este objetivo, es necesario combinar de manera complementaria e integrada las competencias propias tanto de la Inteligencia Emocional como de la Inteligencia Social, sin que ello lleve a confundirlas.

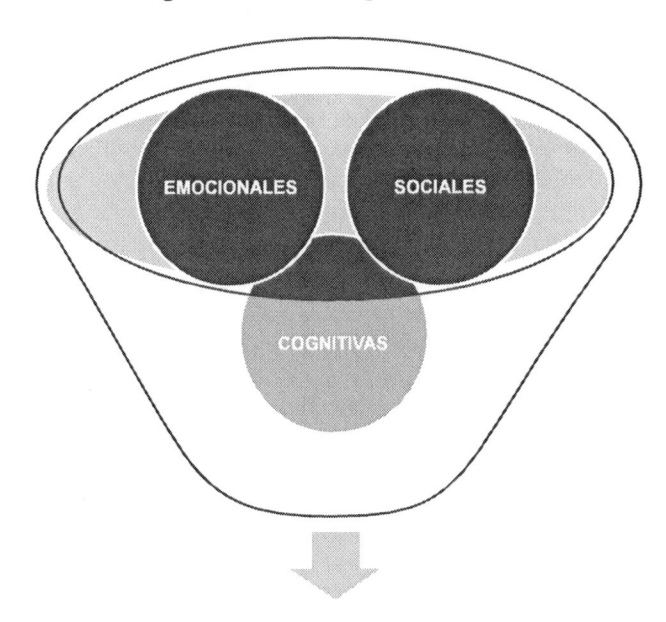

Gráfico 4.3. *Competencias del Líder Social Participativo*

En este sentido, el líder social participativo en cuanto animador deberá tener la capacidad de actuar sobre sus propios sentimientos (Inteligencia Emocional) para poder actuar con eficacia sobre los sentimientos de los demás (Inteligencia Social) (Morgado, 2010). En definitiva, nadie puede animar a otros si él no está animado, porque nadie da lo que no tiene.

Posibilidades y límites de la participación

Sin embargo y pese a todo lo dicho hasta aquí, no quisiera que el lector finalizara la lectura de este capítulo con la creencia o impresión de que la participación es la varita mágica del trabajo grupal y del liderazgo.

Revisando la literatura científica al respecto (Pascual, 1987, Carreras, Leaverton y Sureda, 2009) podemos saber que la metodología participativa tiene múltiples ventajas, pero también algunos inconvenientes que conviene conocer para minimizarlos y poder controlarlos. Así, sabemos que la participación mejora la motivación y la cohesión grupal, pero no siempre mejora la eficacia, la productividad y la calidad en la toma de las decisiones. Por ello, es importante que tanto el animador como el líder social, conozcan las condiciones necesarias para que el trabajo grupal y participativo pueda tener éxito. Condiciones entre las que destaco tres por su importancia: *conocimientos suficientes,* los miembros del grupo han de conocer bien el tema a debatir; *habilidades grupales,* los miembros del grupo tienen que saber trabajar en grupo; y *clima grupal positivo:* las relaciones entre los miembros del grupo han de ser fluidas.

En definitiva *conocimiento, competencia* y *relación* son los requisitos básicos para asegurar el éxito del trabajo grupal y participativo. De aquí se deduce la importancia de una didáctica de la participación como la que propongo y reivindico a lo largo de estas páginas. Para participar, no basta con querer, hay que saber, porque de lo contrario puede ser contraproducente tanto en el orden de los resultados, como en el de los efectos especialmente de frustración que puede causar en los participantes. Por ello, las condiciones del éxito del liderazgo social participativo, pasan por dos cambios previos un cambio en la *estructura organizacional* de la institución concernida y un cambio de la *cultura directiva* de la entidad.

Para conseguir ambos cambios es preciso poner en marcha un proceso de formación y una estrategia motivacional que modifique la cultura organizacional desde posicionamientos jerárquicos y compartimentalizados hacia enfoques organizativos descentralizados y colaborativos.

Esta transformación ha de fundamentarse en una serie de *valores* y principios propios de nuestras actuales sociedades complejas y que podemos agrupar en las siguientes dimensiones:

- *Etico-axiológicos:* Una sociedad democrática del s. XXI, basada en la justicia social, exige un estilo de liderazgo participativo y un cambio de la ética del trabajo basada únicamente en el dinero y el consumo, a la ética de la autorrealización.

- *Pedagógicos:* El nivel educativo y cívico actual de las ciudades exige un tratamiento mucho más participativo, teniendo en cuenta las posibilidades que además nos brinda Internet y los avances de las Nuevas Tecnologías asociadas a aquél.

- *Psiconeurológicos:* Los avances de la psicología positiva y de las neurociencias nos abren a un conocimiento más científico y profundo de dónde y cómo se consiguen los niveles de satisfacción y felicidad más centrados en las aspiraciones de autorrealización personal y colectiva que en la cultura del consumo. Estos avances son especialmente relevantes en los últimos años y arrojan una luz decisiva en el campo de la animación sociocultural como mostraré en el próximo capítulo.

Finalmente, y a partir de todo lo dicho, podemos concluir (Gráfico 4.4) afirmando que *Animación, Liderazgo y Participación* constituyen los tres pilares para el desarrollo de una Didáctica de la Participación, teniendo en cuenta que la Animación aporta la metodología de intervención, el Liderazgo, el rol y estilo del agente, y la Participación su objeto, contenido y meta a la vez de todo el proceso.

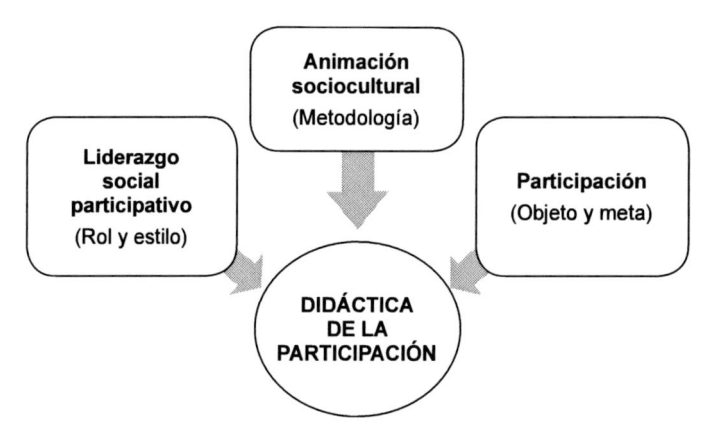

Gráfico 4.4. *Bases para una Didáctica de la Participación*

5/ NEUROANIMACIÓN UNA NUEVA MODALIDAD DE INTERVENCIÓN SOCIOEDUCATIVA A PARTIR DE LA NEUROCIENCIA

CONCEPTO Y FINALIDADES

Uno de los ejemplos más significativos y evidentes de cómo se puede sacar partido a la fundamentación científica de la ASC es lo que en adelante denominaré *"neuroanimación"*. En este sentido, llamaré neuroanimación a:

> *La aplicación bidireccional de los avances de las neurociencias al ámbito de la ASC, y de las pautas de esta disciplina a la dinamización del cerebro, a partir de tales hallazgos científicos.*

A partir de la definición anterior podemos deducir que la neuroanimación parte de tres propósitos básicos:

- *Fundamentación científica.* Intenta analizar, seleccionar y relacionar todas aquellas aportaciones y resultados de las llamadas neurociencias en lo que pueden tener de utilidad explicativa, heurística o aplicativa al ámbito de la animación sociocultural.
- *Desarrollo de aplicaciones,* estrategias y protocolos de intervención socioeducativos avalados por resultados probados y validados empírica o experimentalmente.
- *Animación cerebral.* Cruzando las dos finalidades anteriores pretendemos adentrarnos por vez primera en cómo dinamizar

el cerebro, aprovechando y utilizando los postulados y herramientas de la animación sociocultural a la luz de lo que sabemos sobre su funcionamiento.

BASES NEUROLÓGICAS DE LA MOTIVACIÓN Y DEL APRENDIZAJE ÓPTIMO

Para poder alcanzar las finalidades formuladas hemos de tener en cuenta el peso o presencia de una serie de *variables*, entre las que he de destacar: la novedad, la concentración, el movimiento, la dieta y el grupo.

Novedad

Una de las primeras conclusiones que podemos extraer de la investigación neurobiológica, es que el cerebro evolutivamente está conformado para reaccionar tan sólo a lo novedoso, a lo inusual o sorprendente. Esto se acentúa especialmente en etapas en las que como la adolescencia, el cerebro está aún inmaduro y en plena reconfiguración. De ahí la importancia que tiene el buen manejo de esta variable para todos los educadores y animadores juveniles. En este sentido, podemos afirmar que animar equivale a sorprender y un profesional de la animación conseguirá motivar y captar la atención de un grupo, en la medida en que logre sorprender con sus propuestas iniciales bien por su carácter novedoso, sorprendente, provocativo, desafiante o inusual.

Esta premisa no sólo nos resulta útil para la animación sino también ante cualquier proceso de aprendizaje formal o escolar, aunque en estos contextos (formales, rutinarios y fuertemente reglamentados) aparentemente parece más difícil plantear situaciones novedosas capaces de provocar sorpresa. Sin embargo, los que lo hemos intentado también en las aulas, sabemos que no sólo es posible sino que a veces es la única vía para provocar el aprendizaje de nuestros jóvenes alumnos, porque no hay peores enemigos del aprendizaje que el aburrimiento y la monotonía.

Concentración

Otro de los últimos hallazgos de la neurología es el que desmiente esa creencia tan extendida actualmente por la impronta tecnológica, hiperactiva y competitiva de nuestro tiempo de que es más productiva la multitarea y la hiperinformación, cuando lo cierto es que se ha comprobado que nuestro cerebro sólo está preparado para trabajar de manera secuencial y no en paralelo. En este sentido, desarrollar varias tareas a la vez, no es un alarde de virtuosismo ni de eficiencia, sino de todo lo contrario, sometiendo a nuestro cerebro a un trabajo para el que no está conformado. La sabiduría popular desde hace tiempo refleja perfectamente esta situación en un conocido refrán: "Quien mucho abarca, poco aprieta".

Por tanto, lo que llamamos multitarea o realización de varias tareas a la vez, en realidad es un estar saltando intermitentemente de una a otra, teniendo en cuenta que cada vez que nuestro cerebro es distraído por el más mínimo cambio de actividad (ir a picotear a la nevera, descolgar una llamada de teléfono, abrir un mensaje de los grupos de WhatsApp o atender a las redes sociales, por poner algunos de los ejemplos más usuales) el cerebro tardará un mínimo de 15 minutos en volverse a centrar hasta recobrar el rendimiento perdido, una vez retomada la tarea anterior (Sousa, 2014:127-132).

En consecuencia, un buen educador y animador, deberá exponer y plantear las propuestas al grupo de una en una y conforme a una lógica secuencial o progresiva. Así mismo, para facilitar la concentración del grupo en la realización de una determinada actividad o proyecto, se han de evitar todo tipo de distractores tanto internos (preocupaciones, pensamientos, ensoñaciones…), como externos (ruido ambiental, sobreinformación, hiperestimulación, mensajes cruzados, pautas contradictorias, etc.). En definitiva, la animación sociocultural no se puede confundir ni con la hiperactividad, ni con el frenesí activista.

El mejor animador no es el que trabaja por diez sino el que hace trabajar a diez.

Movimiento

No es ninguna novedad la constatación de la importancia del movimiento en el desarrollo psicomotor infantil, así como su beneficiosa repercusión en la salud física del adulto y mayor. Lo que no es tan conocido es el papel estelar que tambien juega el movimiento en el desarrollo neuronal, especialmente en el desarrollo del cerebro infantil y juvenil (Sousa, 2014:47,55). Resulta ilustrativo reparar en que no todos los seres vivos tienen cerebro. Desde el punto de vista evolutivo, tan sólo lo tienen los que lo necesitan. Este no es el caso de las plantas, por ejemplo, quienes al no tener que moverse no les hace ninguna falta. En este sentido, autores como Sylvester (en Sousa, 2014) asocian el origen del cerebro a la necesidad de desplazarse para sobrevivir. A partir de aquí podemos comprender el papel decisivo que tiene el movimiento como estímulo y consolidación del aprendizaje.

Las implicaciones de este hallazgo para la didáctica general son claras, y por tanto también para la didáctica de la participación a través de la metodología propia de la Animación Sociocultural en la medida en que ofrecen evidencia científica a la importancia del ejercicio físico, los juegos y en general las técnicas de animación en la consolidación de los procesos de aprendizaje social asociados a la participación. En este sentido, se han desarrollado experimentos que demuestran que el movimiento incrementa el aprendizaje, lo cual contradice algunos tópicos educativos tradicionalmente asentados en padres y maestros con respecto a la obsesión por mantener quietos a toda costa a los niños mientras estudian o atienden. Del mismo modo, fundamentan y ratifican a la vez la importancia de los métodos activos propios de la Animación Sociocultural, asociados al juego, al movimiento y a la educación al aire libre.

Dieta

La fisiología del cerebro también nos aporta interesantes hallazgos que tienen una aplicación directa en nuestro ámbito. El primer dato en el que hemos de reparar es el que se refiere al consumo energético del cerebro humano, especialmente intenso en relación a su tamaño. Representando aproximadamente el 2% de nuestro cuerpo, consume el 20% de su energía y este consumo energético se basa fundamentalmente en tres tipos de combustible: oxígeno, glucosa y agua. A partir de aquí, podemos extraer importantes consecuencias y sencillas aplicaciones didácticas para los educadores y animadores, dado que se ha constatado que el aprendizaje se incrementa hasta un 25% con aportes extra de agua, aire libre y glucosa (Sousa, 2014). La genial intuición que tuvieron los padres del movimiento de Renovación Pedagógica, de la Escuela Nueva, de la Institución Libre de Enseñanza y de la Pedagogía del Ocio a finales del siglo XIX y principios del XX, reivindicando las virtudes de la educación al aire libre, en medios abiertos y en contacto con la naturaleza, se ve ratificada de este modo por los avances actuales de la Neurociencia.

Grupo

Tambien son bien conocidos por la Psicología Social las ventajas del trabajo en grupo, tanto desde el punto de vista de la mejora de la motivación, el clima de trabajo y el aprendizaje, como desde el punto de vista emocional y social. A ello hemos de añadir los efectos que las actividades grupales también tienen en el ámbito cognitivo y cerebral, como en el caso de las personas mayores de 50 años.

ESTRATEGIAS DE NEUROANIMACIÓN

Recapitulando lo dicho, podemos establecer una serie de estrategias didácticas muy útiles para aplicar en el campo socioeducativo, basadas en las aportaciones de la neurociencia actual entre las que destacamos las siguientes, por su relación y aplicación al campo de la animación sociocultural:

- *Presentar propuestas novedosas y sorprendentes.* Cualquier proceso de animación sociocultural para ser realmente motivador y efectivo desde el punto de vista didáctico, ha de ser *provocativo*. Para ello ha de presentarse de manera *novedosa,* de manera que provoque *sorpresa, intriga, implicación, desafío o reto.* En este sentido, animar equivale a provocar y el animador ha de ser un provocador que movilice al grupo o comunidad mediante propuestas atractivas, tentadoras o estimulantes basadas en las capacidades, posibilidades e intereses de sus destinatarios. "¿Quién se atreve a subir a la cima, montar una obra de teatro o crear una asociación?" deben ser expresiones que formen parte del lenguaje y estilo del animador respecto al grupo, con el fin de motivarle en base a desafíos y retos atractivos.

- *Desarrollar propuestas dinámicas y activas.* Movimiento y actividad son ingredientes imprescindibles en todo proceso de aprendizaje para que éste se optimice. Se da la circunstancia de que el movimiento (animus=poner en relación, movilizar) y la actividad (anima: dar vida, sentido) son los dos componentes básicos y definitorios de la ASC (Ventosa, 2002). Por ello, la *metodología activa* propia de nuestra disciplina, no es una opción didáctica más entre otras, como hasta ahora se creía, sino que a la luz de lo dicho, se convierte en la mejor alternativa metodológica para afianzar los procesos de aprendizaje especialmente cuando éstos versan sobre contenidos procedimentales como el aprendizaje de la participación.

Del mismo modo, el movimiento (animus = movilizar, poner en relación) además de ser la otra función fundamental de la animación sociocultural, está implícito en la mayor parte de las técnicas y recursos de animación sociocultural a través del juego, la creatividad y las dinámicas grupales. Hasta ahora lo justificábamos por razones lúdicas y motivadoras, pero ahora sabemos que además el movimiento contribuye al desarrollo cerebral infantil y juvenil ayudando no sólo a mejorar las competencias motoras sino también las cognitivas (Sousa, 2014:47, 55, 59). En definitiva, la animación sociocultural incorpora un auténtico arsenal de recursos lúdico-creativos al grupo a través del juego, el deporte, la expresión dinámica, dramática, musical o plástica que aportan movimiento y actividad al aprendizaje de sus miembros, facilitando su consolidación.

El movimiento y la acción constituyen dos palancas del desarrollo cerebral y son los dos motores básicos de la neuroanimación.

- *Incorporar el ritmo y la música.* Recientes investigaciones neurológicas muestran cómo el ritmo y la música estimulan determinadas áreas del cerebro (concretamente del lóbulo parietal), actuando como estimuladores y fijadores del aprendizaje (Jensen, en Sousa, 2014). Este hallazgo revaloriza y corrobora la importancia de otro de los recursos más utilizados en animación sociocultural para motivar y enseñar a participar, como es la expresión y animación musical en sus diversas vertientes asociadas al juego, los bailes y las canciones. Este recurso, dentro de la animación cobra especial relieve cuando se trabaja con niños –por su dimensión lúdica y creativa– y jóvenes –por ser un componente identitario de su cultura– pero también se muestra muy útil y efectivo con personas mayores por el poder evocador de la música y su capacidad rememorativa (Ventosa, 2001).

- *Aportar feedback positivo.* Otra importante palanca de aprendizaje es la devolución de información al participante respecto a los resultados de sus logros, especialmente cuando se manifiesta de manera natural y positiva. El cerebro funciona y avanza de manera secuencial a partir de los pasos anteriores, por lo que la retroalimentación informativa le sirve para comprobar sus avances y reconducir el proceso (Gráfico 5.1), afianzando los aciertos y corrigiendo los errores. Esta devolución, para que sea realmente eficaz, tiene que reunir al menos cuatro condiciones:
  - *Inmediata:* la devolución o feedback ha de ser contingente con la actuación a la que se refiere. Cuanto más demora haya entre uno y otro menos eficacia tendrá.
  - *Clara y concreta:* la devolución ha de ser específica y llegar con claridad a su destinatario, evitando la información demasiado genérica o difusa que en vez de aclarar, puede crear incertidumbre y agravar la inseguridad y el estrés ya de por sí asociado a todo proceso de aprendizaje.
  - *Concisa:* el mensaje debe ser breve y no perderse en rodeos, circunloquios o excesivas explicaciones, ya que ello va en detrimento de la atención que como también sabemos, decrece con el tiempo.
  - *Positiva:* independientemente de que la devolución informativa vaya dirigida a reforzar o corregir los resultados, la forma en la que hay que transmitir el mensaje debe ser siempre constructiva y en positivo. No tiene el mismo efecto un

"está mal" que un "lo puedes hacer mejor". Lo primero genera frustración. Lo segundo estimula; y anima a volver a intentarlo, si además sugerimos alternativas de mejora: "lo puedes hacer mejor, si evitas esto o corriges aquello".

Por otro lado, se ha comprobado que el feedback positivo ("buen trabajo", "bien hecho", "lo estás haciendo bien"…) libera serotonina en el cerebro (Sousa, 2014:76) convirtiendo el aprendizaje en algo placentero y eficaz. Por ello, la animación sociocultural, además de ser un modelo específico de intervención en el ámbito de la educación no formal, tiene también indudables aplicaciones en la educación formal, ya que el mejor docente o formador es aquel que se convierte en animador de los procesos de aprendizaje de sus alumnos.

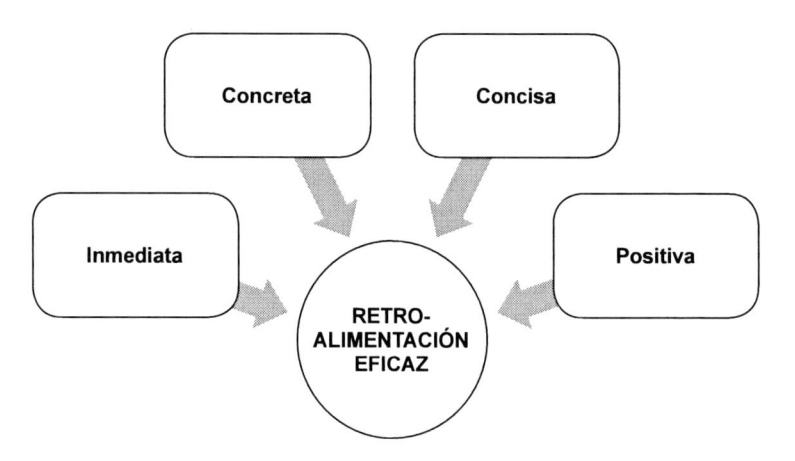

Gráfico 5.1 *Requisitos para una retroalimentación eficaz*

Otro gran hallazgo de la neurodidáctica es el que pone de manifiesto la importancia de la comparación como método básico de aprendizaje, ya que se sabe que el cerebro *almacena datos por semejanzas y los recupera por diferencias* (Feinstein, en Sousa, 2014:67). Por ello, toda propuesta que invite al grupo a identificar similitudes y diferencias, relacionar y comparar opciones o clasificar información, está ayudando al cerebro a consolidar aprendizajes, dado que ello exige un pensamiento complejo que obliga a analizar y evaluar la información antes de poder categorizarla. La nueva información que llega al cerebro sólo se almacenará si éste encuentra alguna información ya codificada con la que aquella pueda relacionarse. Este proceso viene facilitado por la capacidad y propensión innata de nuestro cerebro para buscar, identificar y descifrar patrones. Facilitar este "anclaje" de los nuevos conocimientos en los ya adquiridos, es por tanto otra de las funciones de todo educador y de cualquier animador en su misión de enseñar a participar. Del mismo modo, la mejor manera de ayudar a recordar o recuperar información es facilitar "marcadores" con los que poder diferenciarla del resto. Ambas estrategias, por tanto, han de estar presentes en todo proceso de enseñanza-aprendizaje y la herramienta que las hace posible es la comparación.

También sabemos que el aprendizaje es tanto más eficaz y duradero cuantos más canales sensoriales intervienen en su procesamiento y de entre todos ellos, la vista es el más desarrollado de nuestro cerebro. Captamos con mayor rapidez y recordamos mejor las imágenes que las palabras, por lo que resulta de gran ayuda para el aprendizaje representar o reforzar lo que se quiere transmitir con imágenes, fotos, dibujos, esquemas, gráficos o representaciones.

Es especialmente importante tener esto en cuenta a la hora de construir una didáctica de la participación en donde la materia de aprendizaje es más procedimental que conceptual. Para ello, la animación sociocultural dispone, una vez más, de una voluminosa maleta de recursos expresivos y creativos. De entre todos ellos, en esta faceta destaca la animación teatral (Ventosa, 2002). Y es que difícilmente encontraremos una herramienta o medio expresivo que reúna tantos canales de comunicación y estimulación sensorial y afectiva. En el teatro se integra la imagen, la voz, el sonido, la percepción espacio-temporal, la emoción, la música, la plástica, la literatura.... Todo integrado y al servicio del proyecto del grupo.

Como condiciones previas de todo aprendizaje, mediante la creación de ambientes estimulantes y la eliminación o minimización de distractores contextuales. En este sentido, la animación sociocultural utiliza múltiples técnicas atencionales y de concentración antes de iniciar una sesión grupal, mediante el juego, la dinámica grupal y las técnicas de participación basadas en la sugestión y visualización de determinadas situaciones ("la pizarra", "el avión", "el túnel"…), en la relajación ("la botella loca" o "el armario") en la inmovilidad o el silencio ("estatuas", "tinieblas")… (Ventosa, 2004).

PIRÁMIDE DE NECESIDADES DEL CEREBRO

Un tema sobradamente estudiado en Psicología es el de las necesidades fundamentales que mueven al ser humano. Autores como Glasser y Maslow lo confirman. Parafraseando a este último, ahora voy a referirme más específicamente a la *Pirámide de Necesidades del Cerebro Humano* (ver Gráfico 5.3), para subrayar cuáles son los propósitos fundamentales que mueven al cerebro a actuar, con vistas a tenerlas en cuenta y llevarlas a nuestro terreno socioeducativo.

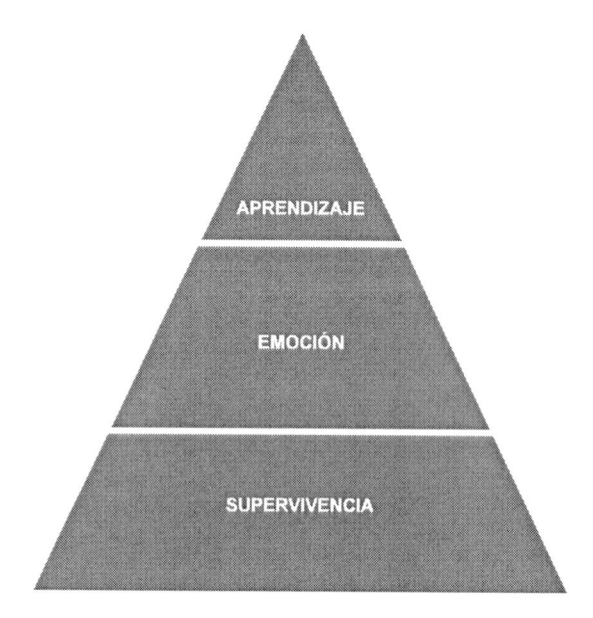

Gráfico 5.3. *Pirámide de necesidades cerebrales*

Sabemos que el propósito prioritario por el que se mueve nuestro cerebro es la *supervivencia*, después la resolución de las *necesidades afectivas* y en tercer lugar el *aprendizaje* cognitivo (Carter, cit. en Sousa, 2014:155). Esto quiere decir que cualquier educador y animador debe evitar o minimizar al máximo aquellas situaciones amenazantes que puedan generar miedo o angustia a la hora de implementar procesos didácticos, ya que éstas obligan al cerebro a concentrar sus fuerzas en afrontarlas, bloqueando el aprendizaje que es secundario (o más exactamente, terciario en este caso). Se ha demostrado que ciertos niveles de estrés son beneficiosos para el aprendizaje, al mantener la atención y la motivación, pero siempre que este sea controlable por el sujeto y no le desborde.

Por tanto, la seguridad y tranquilidad se presentan a nuestro cerebro como prerrequisitos prioritarios para poder aprender, de la misma manera que las emociones positivas son prerrequisitos secundarios. Estudios recientes nos advierten de la importancia de las emociones no sólo en el aprendizaje, sino incluso en la determinación de nuestras decisiones y actuaciones, llegando a mediatizar a la razón en contra de la concepción imperante del racionalismo y poniendo en tela de juicio el libre albedrío humano (Damasio, 2013). Los que trabajamos en y con la animación sociocultural, sabemos la importancia que tiene la creación de contextos emocionalmente positivos e intensos, para poder alcanzar nuestra meta de enseñar a participar implicando a un grupo en el desarrollo de un determinado proyecto de su interés. Por ello, estos hallazgos no hacen sino ratificar científicamente lo que ya intuíamos por la experiencia.

ACTIVIDADES DE NEUROANIMACIÓN

Concluyo este capítulo proponiendo, a título ilustrativo, una clasificación abierta de actividades de neuroanimación que, por sus características, estimulan y mejoran el desarrollo del cerebro a partir de lo analizado.

Actividades basadas en el movimiento y la expresión dinámica

Las más idóneas y globales son las excursiones, marchas y actividades al aire libre propias de la educación en el tiempo libre, por su potenciación del movimiento y el ejercicio físico en medios abiertos y entornos naturales que aportan luz y oxígeno en medio de entornos estimulantes. En este sentido, conviene advertir que buena parte de las actividades de animación y tiempo libre están fuertemente imbuidas de movimiento y dinamismo, siendo el aire libre por un lado y el grupo por otro los dos entornos prioritarios de intervención sociocultural.

Ejemplos de ello son los juegos de animación (tanto los llamados grandes juegos –gymkanas, kermesses o juegos de pistas– como los juegos de agilidad, reflejos o carreras), las dinámicas grupales o las técnicas de participación. Entre las diversas opciones posibles, destaco a continuación algunas de ellas:

- **Carreras lúdicas.** La carrera como actividad física, ofrece múltiples posibilidades desde el punto de vista lúdico y creativo a través de variantes experimentadas con éxito durante años en actividades de animación y tiempo libre. Es el caso de las carreras por parejas con los tobillos atados, a la pata coja, las carreras de "carretillas" (parejas en las que el primero corre con las manos mientras que el segundo –de pié y andando– le empuja sujetándole por los tobillos), las carreras de "ladrillos" (por equipos, los contrincantes avanzan hacia la meta pisando encima de unas tablas o ladrillos que ellos mismos van poniendo por delante cogiendo los que dejan atrás en su recorrido) o las carreras de "ciempiés" tanto en su variante vertical (cada equipo avanza hacia la meta en fila unos detrás de otros sujetos de la cintura y avanzando mediante pasos dados a la vez) como horizontal (equipos en fila avanzando con las manos y manteniendo las piernas encima de las espaldas del compañero de atrás).

- **Relevos lúdicos.** Una conocida modalidad de carrera que también aporta muchas posibilidades lúdico-creativas al ámbito de la neuroanimación, con el aliciente del sentimiento de integración y estímulo que este tipo de actividad aporta a los miembros del equipo que la practica. Por ejemplo el relevo "enebrar agujas o botones" en donde se trata de correr a un lugar donde hay que hacer pasar un hilo por un botón (o una aguja) y llevárselo al siguiente compañero para que haga lo mismo hasta terminar todos los relevos. Otra modalidad es la del relevo "túnel" en donde cada equipo se sitúa enfilado hacia la meta con las piernas abiertas para que el primero de la fila pase por debajo de todas ellas a gatas o llevando algún objeto (vaso de agua, pelota, globo...) hasta el ultimo de la fila que lo recogerá y llevará corriendo por fuera del "túnel" hasta situarse en primer lugar de la fila para iniciar el mismo ciclo. La misma carrera clásica de relevos ofrece inumerables variantes realizando 100 metros "a la pata coja", de sacos, a cuatro patas, de cangrejo...

- *Juegos y dinámicas grupales con pelota.* Con una simple pelota (de goma, de trapo o incluso de papel) y un grupo de participantes (entre 8 y 20) dispuestos en un círculo de 5 a 8 metros de diámetro, se pueden realizar diversas variantes de pasarse la pelota mientras se pronuncia el nombre del destinatario y la clave elegida para poder pasarla. Este criterio lo puede dar el contexto de aprendizaje en el que se realice la actividad: nombres de animales o de plantas, de capitales o ríos, de obras o autores, de figuras geométricas u operaciones matemáticas...
Tan sólo hay que presentar el juego al grupo, estableciendo las normas de manera clara, ordenada y concisa para evitar la confusión, el desorden y el consiguiente desanimo: 1) mirar y decir el nombre del destinatario antes de lanzarle la pelota; 2) lanzar la pelota por encima de la cabeza; 3) no pasarla a los compañeros más próximos; 4) no repetir lo que ya han dicho los demás.
Destaco, a continuación, otras posibilidades:

  - *Tierra, mar y aire.*
  - *Lanzamientos emparejados en círculo.* Lanzamientos de pelota entre los miembros de un grupo dispuestos en círculo. Para hacerla más compleja, los tiros se pueden hacer con los miembros moviendose en círculo.
  - *Interceptar la pelota.* La misma actividad que la anterior, pero situando a un jugador en el centro del círculo con la misión de interceptar la pelota que se lanzan sus compañeros.
  - *Persecución de pelotas.* Los participantes dispuestos en círculo se van pasando dos pelotas en una misma dirección, comenzando desde lugares diferentes, con el propósito de que una llegue a alcanzar a la otra.

— *Nombres arriba.* Se trata de lanzar la pelota hacia arriba mientras se pronuncia el nombre de uno de los participantes que tendrá que recogerla antes de que toque el suelo. Este juego se presta a diversas variantes: nombrando las edades, los lugares o meses de nacimiento de los participantes en vez de sus nombres, o bien combinandolo con otros en los que tras coger la pelota, haya que dar con ella a alguien ("pies quietos", "campo quemado"…).

• ***Otros juegos de movimiento y agilidad.*** Dentro del apartado de juegos, igualmente existe una gran variedad de actividades grupales basadas en el movimiento que de manera divertida y dinámica motivan y estimulan a sus miembros. Destaco algunos a modo de ejemplo:

— *Salir del círculo.* Uno de los participantes —situado dentro del círculo formado por el resto de sus compañeros que estarán sujetos de la mano y con las piernas abiertas— deberá intentar salirse del círculo mientras los demás tratarán de impedírselo sin mover los pies del suelo ni deshacer el círculo.

— *Entrar en el círculo.* Es el proceso inverso del juego anterior. En este caso, se trata de introducirse en el círculo desde cualquier punto de su exterior para coger un objeto que estará en el centro del mismo (una pelota o globo, por ejemplo) e intentar salir con dicho objeto. Se puede dar mayor interés y complejidad al juego si hay otro jugador que permanece dentro del círculo con la misión de evitar que el participante que viene de fuera coja el objeto del centro.

— *Los paquetes.* Los participantes están situados en parejas uno detrás del otro, formando un círculo entre todas ellas y mirando hacia el centro del mismo. Dos jugadores se persiguen por fuera del círculo de manera que el perseguido ha de evitar ser pillado corriendo y/o situándose delante de alguna de las parejas, momento en el que el jugador situado detrás de dicha pareja se convertirá en perseguido. Si el perseguidor toca o alcanza al perseguido antes de que éste se "salve", los roles de ambos se cambian y el juego continua a la inversa.

— *Las barcas.* Consiste en agruparse en "barcas" de un número determinado de pasajeros dictado por el monitor o animador del juego. Las barcas se forman dándose la mano los participantes y sentándose en el suelo sin soltarse hasta comprobar cuáles se han salvado (las que se han formado con el número correcto y no hayan sido las últimas) y cuáles se han hundido (las que no se haya formado correctamente o habiendolo hecho bien se hayan sentado las últimas).

Actividades basadas en la manipulación

A este apartado pertenecen la amplia gama de talleres de animación y tiempo libre:

- *Talleres de elaboración y manejo de materiales plásticos o artesanales:* taller de pintura, de arcilla y plastilina, taller de abalorios o pulseras, taller de papiroflexia, taller de cabezudos...
- *Talleres basados en la manipulación de objetos expresivos, deportivos o lúdicos:* taller de cometas, taller de cariocas, de creación de juguetes o instrumentos musicales con materiales reciclables o de desecho, taller de juegos populares o autóctonos, taller de marionetas y fantoches, taller de zancos...
- *Talleres gráficos, de decoración o rotulación:* taller de estampación de camisetas, taller de decoración de uñas, taller de ilustración de gorras...
- *Talleres de ciencia y tecnología:* taller de inventos, taller de construcción de ingenios...
- *Talleres de confección y diseño:* taller de disfraces, taller de máscaras...

Actividades complejas integradas y estructuradas en proyectos socioculturales

Constituyen la materia prima con la que trabaja la animación y pueden ser reales o simulados. La temática puede ser múltiple (cultural, social, comunitaria, asociativa, teatral, musical, deportiva, lúdica...). Lo importante es que los temas partan de los intereses de sus destinatarios, requieran de su implicación activa y sean atractivos, grupales y desafiantes. El proyecto es lo que da vida y sentido a un grupo (anima) al trazarle un camino y un horizonte para su desarrollo. Al mismo tiempo, el proyecto aporta un material o contenido y una metodología (activa e inductiva) idónea para el aprendizaje, especialmente el de la participación y el del trabajo en equipo.

Obviamente, existen tantos proyectos como ideas viables en interés del grupo, pero a modo de ejemplos, selecciono algunos de los que suelen realizarse dentro de nuestro ámbito:

- *Proyectos asociativos.* Creación y legalización de una asociación juvenil, cultural, deportiva…
- *Proyectos culturales.* Formación de un coro, creación de un grupo de teatro, organización de una banda o de un grupo de música, montaje de un espectáculo, creación de un club de animación a la lectura…
- *Proyectos medioambientales.* Creación de un huerto comunitario, señalización de itinerarios de senderismo o de rutas medioambientales…
- *Proyectos lúdico-educativos.* Diseño y realización de un terreno de aventuras, organización y animación de una ludoteca asociativa o comunitaria, creación de un espacio de construcción de juguetes con materiales reciclables o de desecho…

Actividades basadas en la expresión dinámica y creatividad artística

La actividad cerebral no es ni mucho menos estable sino que evoluciona a través de altibajos en una alternancia de momentos activos y estados de somnolencia o relajación que muchas veces interfieren con el aprendizaje para el que la atención y la concentración son indispensables. En este sentido, la animación sociocultural aporta un buen arsenal de recursos lúdico–creativos elaborados a partir de la expresión dinámica, dramática o musical que actúan como estimuladores de motivación, energía y concentración para nuestro cerebro, preparándole para el aprendizaje. Se trata de actividades *sencillas, intensas y breves* que satisfacen las necesidades primarias (seguridad y confianza) y secundarias (emoción y diversión) del cerebro disponiéndole para atender sus necesidades terciarias de aprendizaje. Quienes las utilizamos en nuestros contextos de educación tanto formal como no formal, sabemos por experiencia que crean un ambiente positivo, relajan y animan, cohesionan el grupo, estrechan vínculos interpersonales, focalizan la atención y estimulan la creatividad. Por otro lado, la mayor parte de estas actividades, pueden ser aplicadas a los diferentes contextos temáticos de aprendizaje que se vayan a trabajar, de forma que además de usarse con carácter propedéutico, se pueden convertir en recursos didácticos para el aprendizaje de contenidos específicos de matemáticas, lengua y literatura o geografía por ejemplo. De manera ilustrativa, señalo algunas propuestas experimentadas personalmente con óptimos resultados (Ventosa, 1999):

- **Actividades de animación musical.** La música utilizada como medio de animación posee una larga y aquilatada trayectoria repleta de logros, recursos y modalidades de las que ya he dado cuenta en anteriores trabajos. Sus virtudes lúdicas, creativas y participativas están, por ello, sobradamente demostradas. Pero ahora, gracias a la neurociencia también sabemos que constituye un potente instrumento de estimulación y desarrollo cerebral (Jensen, en Sousa, 2014). Bien sea de manera receptiva utilizándola de fondo o complemento para ambientar determinadas tareas formativas, bien de forma activa practicándola a través de juegos rítmicos, canciones o danzas, constituye una de las actividades más propias de lo que llamamos neuroanimación. Sirvan, a continuación, algunos ejemplos de muestra:
  - *Las sillas musicales.* Los participantes dispuestos en círculo, se desplazan alrededor de un número de sillas igual al número total de jugadores menos uno, dispuestas del mismo modo, mientras suena una música o melodía determinada. Cuando la música se para, cada uno de ellos ha de intentar sentarse en una silla y el que no lo consigue, sale del círculo para converstirse en animador del juego. Cada vez que sale o se elimina un jugador, se quita una de las sillas hasta que tan sólo queden dos participantes que serán los ganadores.
  - *El baile de la escoba.* Se ejecuta bailando en parejas todos –menos uno que baila con una escoba– al ritmo de una determinada música hasta que ésta se acaba o se corta, mo-

mento en el que todos han de cambiar de pareja y el que se queda sin ella ha de continuar el baile con la escoba.

- *Variaciones rítmicas.* Se reparten entre los participantes una serie de instrumentos rítmicos (sonajas, panderos, panderetas, claves, triángulos, cajas chinas…) con los que se iniciarán de manera progresiva determinados ritmos (binarios, ternarios o cuaternarios) que pueden posteriormente enriquecerse con variaciones rítmicas (acortando y alargando los tiempos) con las que poder jugar combinando los instrumentos y sus intensidades.
- *El director de orquesta.* El grupo, convertido en una orquesta, interpreta corporal y vocalmente los movimientos y sonidos propios del instrumento que dicta el director previamente designado para tal fin. Mientras, un jugador que desconoce quién es el director, deberá descubrirlo mediante la observación atenta de los movimientos del grupo, para ver quién es el que los inicia.
- *El canon musical.* Una de las formas musicales más idóneas para iniciarse en la interpretación coral de manera sencilla y divertida es el canon, composición musical que consta de una melodía estructurada en dos o más partes que son ejecutadas por diversos coros iniciándola sucesivamente. Existen una buena muestra de canones de este tipo en diversos cancioneros de animación y tiempo libre (Ventosa, 1999).
- *Paquete musical.* Los participantes dispuestos en círculo se van pasando un paquete de uno en uno y al ritmo de una música determinada. Cuando la musica se para, quien tenga el paquete en ese momento, ha de abrirlo y tomar uno de sus sobres en donde habrá escrito un mensaje con una actividad que tendrá que ejecutar (cantar una canción, bailar, recitar un poema, contar un chiste…) antes de continuar con la música y el paquete circulando a su ritmo de mano en mano, reiniciando con ello un nuevo ciclo.

- *Actividades de animación teatral.* Al igual que la música, la expresión dramática es una de las herramientas más utilizadas y celebradas en animación sociocultural y ofrece igualmente un interminable elenco de recursos para el desarrollo cerebral y la potenciación del aprendizaje (Sousa, 2014). Desde la más tierna infancia, nuestro cerebro está especialmente preparado y motivado para crecer y aprender mediante el mecanismo innato de la imitación y la representación de lo que vemos y observamos en los demás. Por otro lado, el juego de roles y la dramatización de situaciones son excelentes ejemplos de aprendizaje activo, motivadores en sí mismos por lo que tienen de diversión, desafío, exploración y experimentación. Apoyándonos en estas virtudes, podemos desarrollar juegos de imitación como el de "Simón dice..." o "Seguir al líder", en donde con una sencilla pauta dada al grupo, sus miembros tan sólo han de cumplir con lo que "Simón dice" (la profesora o el animador, por ejemplo) o "el líder haga", pudiendo indicar acciones que tengan relación con la temática o contenidos de aprendizaje abordados ("Simón dice que señaléis el norte, sur o este", "Simón dice que encontréis un objeto metálico, de plástico, de madera, liso, rugoso o de cristal"...) o que estén orientados a crear un clima motivador y estimulante ("El líder salta, baila, se balancea, canta, recita, ríe, se esconde"...). Otro subapartado muy sugestivo de animación teatral es el de la improvisación desencadenada bien de manera espontánea, bien a través de competiciones o propuestas concretas (*match* de improvisación).

El juego dramático es muy útil cuando se trabaja con niños, donde la espontaneidad y la dimensión lúdica son ingredientes fundamentales, a partir de propuestas como el espejo o la marioneta. La dramatización de películas, noticias de prensa, anuncios o programas de televisión, tambien es otra fuente de recursos de animación teatral cuando se ejecutan de manera que el grupo observador tenga que adivinar de qué película, programa o anuncio se trata (Ventosa, 1996).

- Otros ejemplos, de juego dramático, igualmente interesantes, son los que siguen:
  - *La marioneta.* Los participantes se colocan por parejas en las que uno de sus miembros ejercerá el rol de marioneta que se mueve por hilos y el otro de marionetista que los mueve.
  - *El espejo.* La misma disposición y mecanismo que en la anterior actividad, pero con los roles de "espejo" (imitador de

los movimientos y gestos del otro) y quien se mira en él (ejecutor de movimientos y gestos delante del "espejo").
– *Dramatizaciones musicales.* El teatro y la música son dos aliados privilegiados de la neuroanimación que cuando se juntan e integran, multiplican aún más su atractivo, sus efectos y posibilidades. En este sentido, existen publicadas operetas y piezas de teatro musical destinadas a ser utilizadas en programas y actividades de animación y tiempo libre con niños, jóvenes o adultos que han demostrado su validez y versatilidad en diversos contextos como "Hocicos y rabos" (Ventosa, 2012) o "El trasplante de corazón", por mencionar sólo algunas de las que puedo responder de su éxito al haberlas representado personalmente en múltiples escenarios (Ventosa, 1999).
– *Dramatizaciones con números.* Consiste en la dramatización de un determinado romance, leyenda o fragmento dramático con la sola emisión vocal de números sucesivos por parte de sus intérpretes. A tal efecto, pueden servir de ejemplo el "Romance de los siete alpinos" o alguna de las divertidas escenas de *La Venganza de Don Mendo* de Muñoz Seca.
– *Cuadros plásticos.* Esta actividad es un buen ejemplo de cómo se puede trabajar y utilizar la expresión corporal con finalidad lúdico-creativa y , por ende, neuroanimadora.
– *Los oficios.* La representación de determinados oficios ante un grupo de observadores que ha de adivinar a qué profesión pertenece lo representado, es otra de las posibilidades que ofrece la animación teatral en este campo.
– *Adivinar el cuadro.* Se trata de representar escenas de cuadros famosos que han de ser reconocidos o adivinados por el grupo observador.
– *Dramatización de refranes.* De igual manera que con los oficios o cuadros, en este caso se pueden representar situaciones que describan dramáticamente determinados refranes que habrán de adivinar los observadores.

- ***Juegos de estimulación y reconocimiento sensorial.*** Como ya hemos visto, las "ventanas" a través de las que nuestro cerebro recibe los estímulos y la información que procesa del exterior, se la aportan nuestros sentidos, especialmente la vista, seguido del oído, el tacto, el olfato y el sentido propioceptivo de nuestro propio cuerpo. Por ello, aquellas actividades dirigidas a estimular y desarrollar cualquiera de estos sentidos, contribuye al desarrollo cerebral en la medida en la que potencian los canales a través de los que éste recibe la información y los contenidos de aprendizaje. En este sentido la animación sociocultural utiliza múltiples juegos y dinámicas de estimulación de los sentidos entre las que podemos destacar los siguientes:

- *Pollo pía.* Un participante con los ojos vendados ha de identificar al mayor número de compañeros que están sentados en círculo a su alrededor. Para ello, se ha de sentar encima de las rodillas de uno de ellos y de espaldas al mismo tendrá la posibilidad de pedirle hasta tres veces que "píe", con el fin de reconocer su identidad por el sonido de su voz. Si lo consigue antes de agotar los tres intentos, será relevado por el identificado, de lo contrario lo volverá a intentar con otro participante.

- *Juego de Kim.* Un clásico de los juegos de animación y tiempo libre en el que se trata de dar a conocer sólo por el tacto o mostrar una serie de objetos al participante durante unos segundos (no más de 8-10 segundos), con el fin de que posteriormente pueda recordar el mayor número de ellos una vez separados de su tacto u ocultados a su vista.

- *Toca y sigue.* Un juego igualmente sencillo en su ejecución, pero complejo en sus atributos cognitivos, ya que combina e integra en una misma actividad el ejercicio de la memoria, la secuencialidad, la observación y el movimiento. Se trata de disponer a los participantes en círculo y sentados, de manera que se vayan levantando de forma secuencial para ir a buscar aquellos objetos que previamente sean designados por el animador del juego, para finalmente regresar con ellos al grupo y volver a sentarse en su sitio hasta reiniciar un nuevo ciclo. En este sentido y al igual que en los casos anteriores, las consignas dadas a los participantes, pueden versar sobre la temática que se quiera tratar o aprender, bien sea lenguaje ("traer 3 o 4 objetos cuyos nombres empiecen o contengan determinadas letras..."), matemáticas (traer objetos con determinadas formas geométricas, pesos o dimensiones...) o plástica (tocar superficies con determinadas texturas o colores...), por poner sólo algunos ejemplos.

© narcea s. a. de ediciones

- *Identificación de sonidos:* Tras la vista, el oído es otro de los sentidos más importantes para el aprendizaje. Para su estímulo y desarrollo existen igualmente múltiples juegos que lo trabajan bien sea en combinación con otros sentidos (como el ya mencionado "pollo pía") o de manera exclusiva, como es el caso de la escucha de sonidos captados directamente del entorno (dado un tiempo máximo de 1 minuto, identificar con los ojos cerrados el mayor número posible de sonidos captados en nuestro entorno, comunicándolos posteriormente al resto del grupo) o la identificación de sonidos cotidianos grabados previamente (despegue de un avión, campanas de un reloj, sonidos de animales, ruidos de aparatos domésticos...).

- *Acercamiento silencioso.* Uno o dos jugadores se sitúan con los ojos vendados en el centro y el resto se diseminan en un radio de 10 a 20 metros alrededor. El jugador del centro tendrá que ir señalando a los participantes que se van acercando según los vaya oyendo. El participante descubierto deberá retroceder hasta el lugar del inicio y los demás llegarán a la meta cuando logren tocar o quitarle la gorra al jugador del centro sin que éste se de cuenta.

- *Reconocimiento por el tacto.* Esta actividad puede tener múltiples variantes, todas ellas dirigidas a reconcer al otro con los ojos vendados y tan sólo con el tacto. Para ello, primero se realiza una ronda de reconocimiento táctil de los participantes con los ojos abiertos de aquellos a los que luego se les vendarán los ojos, de manera que éstos toquen primero la parte del cuerpo (las manos, los brazos, el rostro, el cuello, la cabeza...) que luego tendrán que tocar a ciegas para adivinar a quién pertenece.

- *El pastor y sus ovejas.* El grupo se divide en pastores y ovejas, todos ellos con los ojos tapados. A cada pastor se le entrega un instrumento rítmico o sonoro diferente (pandero, claves, crótalos, triángulo, cascabeles, sonaja...) que sus ovejas han de identificar para llegar hasta él. De este modo, cada oveja tendrá que encontrar a su pastor previamente asociado a un determinado sonido. El juego termina cuando al menos uno de los rebaños completos consigue reunirse con su pastor.

BIBLIOGRAFÍA

AA.VV. (1994): *Aprendiendo a organizar nuestra asociación*. Madrid: Popular.
Acemoglu, D. y Robinson, J. A. (2012): *Por qué fracasan los países*. Barcelona: Deusto.
Aguilar, M. J. (1989): *Educación Popular y Animación. Semejanzas y diferencias entre Europa y América Latina*. I Simposio Internacional "Procesos Socioculturales y Participación". Palma de Mallorca (doc. fotocopiado).
— (1990): *Cómo animar un grupo*. San Isidro - Argentina: ICSA.
Ander-Egg, E. (1989): *La Animación y los animadores*. Madrid: Narcea.
— (2000): *Metodología y práctica de la Animación Sociocultural*. Madrid: CCS.
Antunes, C. (1992): *Manual de técnicas de dinámica de grupo, de sensibilización y lúdico-pedagógica*. Buenos Aires: Lumen.
Amani (1994): *Educación Intercultural. Análisis y resolución de conflictos*. Madrid: Popular.
Araújo, J. B.- Chadwick, C. B. (1988): *Tecnología educacional. Teorías de instrucción*. Barcelona: Paidós.
Bandura, A. (1988): "El determinismo recíproco", en Pérez y Álvarez: *Lecturas de aprendizaje y enseñanza*. Madrid: Fondo de Cultura Económica.
Battegay, R. (1978): *El hombre en el grupo*. Barcelona: Herder.
Baudrillard, J. (1977): *El otro por sí mismo*. Barcelona: Anagrama.
Bauman, Z. (1999): *Modernidad líquida*. Buenos Aires: Fondo de Cultura Económica.
— (2002a): *La cultura como praxis*. Barcelona: Paidós.

— y Tester, K. (2002b): *La ambivalencia de la modernidad y otras conversaciones.* Barcelona: Paidós.

Beltrán y otros, (1987): *Psicología de la Educación.* Madrid: EUDEMA.

Benedito, V. (1987): *Introducción a la Didáctica.* Barcelona: Barcanova.

Bernardo, J. y Basterreche, J. (1995): *Técnicas y recursos para motivar a los alumnos.* Madrid: Rialp (2ª ed.).

Bertalanffy, L. V. (1986): *Teoría General de los Sistemas.* México: Fondo de Cultura Económica.

Bielaczyc, K. y Collins, A. (2000): "Comunidades de aprendizaje en el aula: una reconceptualización de la práctica de la enseñanza", en Reigeluth, Ch. M.: *Diseño de la instrucción. Teorías y modelos. Un nuevo paradigma de la teoría de la instrucción.* Madrid: Santillana.

Bloch, E. (1980): *El Principio Esperanza,* 3 vols. Madrid: Aguilar.

Borghesi, M., *La secularización de la cultura contemporánea.* Disponible en: http://dadun.unav.edu/bistream/10171/2806/1/Borghesi,%20M.pdf (Consulta: 3/3/16).

Bunge, M. (2004): *Emergencia y convergencia.* Buenos Aires: Gedisa.

Caparrós, N. (2012): "La evolución como telón de fondo", en Sanfeliu, I. y Sainz de la Maza, M. *Del origen de la vida a la emergencia del psiquismo.* Madrid: Biblioteca Nueva.

Capra, F. (2003): *Las conexiones ocultas.* Barcelona: Anagrama.

Caride, J. A. (2006): "Por una animación democrática en una democracia animada: sobre los viejos y nuevos retos de la animación sociocultural como una práctica participativa", en Ventosa, V. J. (coord..), *Perspectivas actuales de la animación sociocultural.* Madrid: CCS.

Carreras, C. (2003): *Aprender a formar. Educación y procesos formativos.* Barcelona: Paidós.

Carreras, Ll. y otros (2016): *Cómo educar en valores.* Madrid: Narcea, (16.ª ed.).

Carreras, I., Leaverton, A. y Sureda, M. (2009): *Líderes para el cambio social. Características y competencias del liderazgo en las ONG.* Barcelona: ESADE. Universidad Ramon Llull. Instituto de Innovación Social.

Castillejo, J. L. (1987): *Pedagogía Tecnológica.* Barcelona: CEAC.

Cembranos, F., Montesinos, D. y Bustelo, M. (1989): *La Animación Sociocultural: una propuesta metodológica.* Madrid: Popular.

Codina, F. y Deltoro, E. (1993): *Apuntes básicos para el animador juvenil.* Zaragoza: Certeza.

Colom, A. J., (1987): *Modelos de Intervención Socioeducativa.* Madrid: Narcea.

Colomer, J. (1998): "Técnicas de Intervención en la Animación Sociocultural" en Trilla, J. (coord.) *Animación Sociocultural. Teorías, programas y ámbitos.* Barcelona: Ariel, (2ª ed.).

Chadwick, C. B. (1987): *Tecnología educacional para el docente.* Barcelona: Paidós (2ª ed.).

Coombs, A. (1985): *La crisis mundial de la educación. Perspectivas actuales.* Madrid: Santillana.

— y Ahmed, M. (1975): *La lucha contra la pobreza rural. El aporte de la educación no formal.* Madrid: Tecnos.

Cruz, M. (2002): *Filosofía Contemporánea.* Madrid: Taurus.

Csikszentmihalyi, M. (2010): *Fluir. Una psicología de la felicidad.* Barcelona: Kairós.

Damasio, A. (2013): *En busca de Spinoza. Neurobiología de la emoción y de los sentimientos.* Barcelona: Destino.

Daniels, H. (2003): *Vygotsky y la pedagogía.* Barcelona: Paidós.

Davidson, D. (1992): *Mente, mundo y acción.* Barcelona: Paidós.

Deleuze, G. (1989): *Lógica del sentido.* Barcelona: Paidós.

Del Pino, J. (2001): "Educación y participación", en Lucas, A. y García. A. *Formación para la participación ciudadana.* Buenos Aires: Lumen-Humánitas.

Dennett, D. C. (2012): "Evolución de la Cultura", en Brockman, J. (ed.): *Cultura.* Barcelona: Crítica.

Dewey, J. (1952): *El hombre y sus problemas.* Buenos Aires: Paidós.

— (1970): *La reconstrucción de la filosofía.* Buenos Aires: Aguilar.

— (1995): *Democracia y educación.* Madrid: Morata.

Dumazedier, J. (1964): *Hacia una civilización del ocio.* Barcelona: Estela.

Escarbajal, A. (1998): *La educación social en marcha.* Valencia: Nau Llibres.

Fabra, M.L. (1994): *Técnicas de grupo para la cooperación.* Barcelona: CEAC.

Faure, E. (1973): *Aprender a ser.* Madrid: Alianza Universidad-Unesco

Fermoso, P. (1994): *Pedagogía Social. Fundamentación científica.* Barcelona: Herder.

Francia A. y Mata, J. (1999): *Dinámica y técnicas de grupos.* Madrid: CCS. (6ª ed.).

Froufe, S. (1998): *Técnicas de grupo en animación comunitaria*. Salamanca: Amarú.

— y Sánchez, M. A. (1990): *Animación Sociocultural. Nuevos enfoques*. Salamanca: Amarú.

Fundación EDE (2011): *Guía didáctica para la participación*. Madrid: Consejo de la Juventud de España. http://www.injuve.es/asociaciones/noticia/guia-didactica-de-educacion-para-la-participacioncje (Consulta 3 marzo 2016).

Gadamer, H.G. (1977): *Verdad y método*. Salamanca: Sígueme.

Gagné, R. M. y Briggs, L. J. (1987): *La planificación de la enseñanza. Sus principios*. México: Trillas. (9ª ed.).

García Álvarez, G. (1990): *Interacción social y animación juvenil*. Madrid: Popular.

Gardner, M. (1988): *La nueva ciencia de la mente*. Barcelona: Paidós.

Gazzaniga, M. S. (2010): *Qué nos hace humanos. La explicación científica de nuestra singularidad como especie*. Madrid: Paidós.

Goleman, D. (1996): *Inteligencia Emocional*. Barcelona: Kairós.

— (1999): *La práctica de la Inteligencia Emocional*. Barcelona: Kairós.

— (2006): *Inteligencia Social*. Barcelona: Kairós.

— (2012): *El Cerebro y la Inteligencia Emocional. Nuevos descubrimientos*. Barcelona: Ediciones B.

Guichot, V. (2003): *Democracia, ciudadanía y educación. Una mirada crítica sobre la obra pedagógica de John Dewey*. Madrid: Biblioteca Nueva.

Gutiérrez, L. (1997): *Métodos para la animación sociocultural*, Madrid: CCS.

Habermas, J. (1987): *Teoría de la acción comunicativa I*. Madrid: Taurus.

— (1988): *Teoría de la acción comunicativa II* . Madrid: Taurus.

— (1989): *El discurso filosófico de la modernidad*. Madrid: Taurus.

Haidt, J. (2012): "Psicología moral y la incomprensión de la religión", en Brockman (ed.), *Mente*. Barcelona: Crítica.

Hernández, J.M. (1997): "Antecedentes de la animación sociocultural en España", en Trilla, J. (coord.): *Animación Sociocultural. Teorías, programas y ámbitos*. Barcelona: Ariel.

Fernández Hernández-Pinzón, F. J. (1977): *La comunicación interpersonal: ejercicios educativos*. Madrid: ICCE.

Juliá, A. (1995): "El educador social:una figura profesional surgida de diversas prácticas e identidades profesionales", en *Actas del Primer Congreso de Educación Social*.

Kuhn, T.S. (1971): *La estructura de las revoluciones científicas.* México: Fondo de Cultura Económica.

Leif, J. (1992): *Tiempo libre, tiempo para uno mismo.* Madrid: Narcea.

Lerena, C. (1984): *Reprimir y liberar. Crítica sociológica de la educación y de la cultura contemporánea.* Madrid: Akal.

Lerena, C. (1985): *Materiales de Sociología de la Educación y de la Cultura.* Madrid: Zero.

Lewin, K. (1988): *La Teoría del Campo en la Ciencia Social,* Barcelona: Paidós.

López-Aróstegui, R. (1995): *El perfil profesional del educador y la educadora social en Euskadi.* Vitoria-Gasteiz: Servicio Central de Publicaciones del Gobierno Vasco.

Lucas, A. y García, A. (2001): *Formación para la participación ciudadana.* Buenos Aires: Lumen-Humánitas.

Mailhiot, B. (1980): *Dinámica y génesis de grupos.* Madrid: Marova (4ª ed.).

Maillo, A. (1979): *Un método de cambio social. La animación sociocultural.* Madrid: Marsiega.

Marina, J. A. (2011): *Los secretos de la motivación.* Barcelona: Ariel.

Marrero, G., Escandell, O. y Sánchez, P. (2001): "Dinámica de grupos y participación". En Lucas, A. y García, A. (eds.). *Formación para la participación ciudadana.* Buenos Aires: Lumen.

Mattos, L. A. (1997): *Compendio de Didáctica General.* Madrid: Alfaguara.

Mayer, R. E. (1986): *Pensamiento, resolución de problemas y cognición.* Barcelona: Paidós.

Medina Rivilla, A. (1988): *Didáctica e interacción en el aula.* Madrid: Cincel.

Merino, J.V. (1997): *Programas de animación sociocultural. Tres instrumentos para su diseño y evaluación.* Madrid: Narcea (3.ª ed.).

Miller, L. (2000): "La resolución de problemas en colaboración", en Reigeluth, CH. M (ed.). *Diseño de la instrucción. Teorías y modelos. Un nuevo paradigma de la teoría de la instrucción.* Madrid: AULA XXI-Santillana.

Mora, F. (2013): *Neuroeducación.* Madrid: Alianza Editorial.

Morgado, I . (2010): *Emociones e Inteligencia Social.* Barcelona: Ariel.

Morin. E. (1998): *Introducción al pensamiento complejo.* Barcelona: Gedisa.

© narcea s. a. de ediciones

— (2002): *Introducción a una Política del hombre*. Barcelona: Gedisa.

Nieto, J.M. (2011): *Neurodidáctica. Aportaciones de las neurociencias al aprendizaje y la enseñanza*. Madrid: CCS.

Ortega y Gasset, J. (1983): *La rebelión de las masas*. Barcelona: Círculo de Lectores.

Parcerisa, A. (1999): *Didáctica en la Educación Social. Enseñar y aprender fuera de la escuela*. Barcelona: Graó.

Pascual, R. (1987): *Liderazgo y participación: mitos y realidades*. Bilbao: Universidad de Deusto.

Pérez, A. y Almaraz, J. (1988): *Lecturas de aprendizaje y enseñanza*. Madrid: F. C. E.

Pérez Serrano, G. y Pérez de Guzmán, M. V. (2006): *Qué es la Animación Sociocultural. Epistemología y valores*. Madrid: Narcea.

Petrus, R. (Coord.) (1997): *Pedagogía Social*. Barcelona: Ariel.

Pines, M. (2012): "Neuronas espejo", en San Feliu y Sainz de la Maza (cords.): *Del origen de la vida a la emergencia del psiquismo*. Madrid: Biblioteca Nueva.

Prigogine, I. (2001): *El fin de las certidumbres*. Madrid: Taurus.

Pozo, J.I. (1989): *Teorías cognitivas del aprendizaje*. Madrid: Morata.

— y Monereo, C. (coords.) (2002): *El aprendizaje estratégico*. Madrid: AULA XXI-Santillana.

Puig, J. M. y Trilla, J. (1987): *La Pedagogía del Ocio*. Barcelona: Laertes.

Punset, E. (2011): *Viaje a las emociones*. Barcelona: Destino.

Quintana Cabanas, J. M. (1993): *Los ámbitos profesionales de la Animación*. Madrid: Narcea.

Reigeluth, CH.M. (ed.) (2000): *Diseño de la instrucción. Teorías y modelos. Un nuevo paradigma de la teoría de la instrucción*. Madrid: AULA XXI-Santillana.

Rogers, C.R.(1984): *El proceso de convertirse en persona*. Barcelona: Paidós.

Ruz Aguilera, O. (1989): *Educación de Adultos en Iberoamérica: entre el adiestramiento y la liberación*. Madrid: Universidad Complutense (tesis doctoral inédita).

Sarramona, J. (ed.) (1988): *Comunicación y educación*. Barcelona: Ceac.

— Vazquez, A. y Colom, A. J. (1998): *Educación no formal*. Barcelona: Ariel.

Simpson, J.A. (1978): "Animation socioculturelle et education permanent", en *Conseil de L'Europe, Animation Socioculturelle*. Strasbourg: CE.

Stufflebeam, D. L. y Shinkfielf, A. J. (1987): *Evaluación sistemática. Guía teórica y práctica*. Madrid: Paidós-MEC.

Swenson, L. C. (1987): *Teorías del aprendizaje*. Barcelona: Paidós.

Rancière, J. (2002): *El Maestro Ignorante*. Barcelona: Alertes.

— (2010): *El espectador emancipado*. Valencia: Ellago.

Rorty, R. (2010): *Filosofía como política cultural. Escritos filosóficos 4*. Barcelona: Paidós.

Salas, M. y Quereizaeta, M. (1975): *Métodos activos para la instrucción popular de adultos*. Madrid: Marsiega.

Sánchez, M. (1991): *La participación. Metodología y práctica*. Madrid: Popular.

San Feliu, I. y Sainz de la Maza, M. (2012) (cords.): *Del origen de la vida a la emergencia del psiquismo*. Madrid: Biblioteca Nueva.

Sarramona, J. (1989): "Bases tecnológicas del material para enseñanza a distancia", en *Master en Tecnología de la educación*. Madrid: OEI-Universidad de Salamanca, doc. pol.

Sarramona, J. A., Vazquez, G., Colom, A. J. (1998): *Educación no formal*. Barcelona: Ariel.

Simpson, J. A. (1976): Rapport final du projet sur l'animation socioculturelle. Bilan et héritage. Strasbourg: CE.

Soler, P. (2011): *L'animació sociocultural. Una estrategia pel desenvolupament i l'empoderament de comunitats*. Barcelona: UOC.

Sousa, D. A. (edit.) (2014): *Neurociencia educativa*. Madrid: Narcea.

Titone, R. (1986): *Psicodidáctica*. Madrid: Narcea (2.ª ed.).

Trilla, J. (1987): *Pedagogía del ocio*. Barcelona: Laertes.

— (1993): *Otras educaciones*. Barcelona: Anthropos.

— (coord.) (1977): *Animación Sociocultural*. Barcelona: Ariel.

UNESCO (1996): *La educación encierra un tesoro*. Madrid: Santillana.

Vargas, L., Bustillos, G. y Marfán, M. (1993): *Técnicas participativas para la educación popular*. Madrid: Popular.

Varios, (1989): *Procesos Socioculturales y Participación*. Madrid: Popular.

Ventosa, V. J. (2001): *Desarrollo y evaluación de proyectos*. Madrid: CCS.

— (2002): *Fuentes de la Animación Sociocultural en Europa*. Madrid: CCS.

— (2003): *Educar para la participación en la escuela*. Madrid: CCS.

— (2004): *Métodos activos y técnicas de participación*. Madrid: CCS.

— (2005) (coord.): *Manual del monitor de tiempo libre*. Madrid: CCS (8.ª ed.).

— (2006) (coord.): *Perspectivas actuales de la Animación Sociocultural*. Madrid: CCS.

— (2013): "Teatro del oprimido y animación sociocultural: una revisión crítica de sus presupuestos teóricos", en Dantas, Vietites y De Sousa: *Teatro do Oprimido. Teorias, técnicas e metodologías para a intervençâo social, cultural e educativa no século XXI*. Amarante: Intervençâo.

Ventosa, V. J. y Lería, M.J. (1997): *Formación de educadores de personas adultas II. Animación Sociocomunitaria. Desarrollo comunitario*. Madrid: UNED.

— (1992): *Educación Social. Animación e Instituciones*. Madrid: CCS.

— (1996): *La Expresión dramática como medio de animación en Educación Social. Fundamentos, técnicas y recursos*. Salamanca: Amarú.

— (1997): "Perspectiva comparada de la ASC", en Trilla J. (Coord.): *Animación Sociocultural. Teorías, programas y ámbitos*. Barcelona: Ariel.

— (Coord.) (1997b): *Modelos de formación de animadores socioculturales en el marco de la Europa Comunitaria*. Salamanca: Publicaciones Universidad Pontificia de Salamanca-Junta de Castilla y León.

— (1998): "Un modelo de canalización informativa para potenciar la participación juvenil", en Martín, A. (ed.): *Psicología Comunitaria. Fundamentos y aplicaciones*. Madrid: Síntesis.

— (1999): *Expresión musical, educación y tiempo libre*. Madrid: CCS.

— (2012): *Teatro musical y de calle*. Madrid: CCS.

Ventosa, V. J. y Marset, R. (2000): *Integración de personas con disminución psíquica en el tiempo libre*. Madrid: CCS.

Vicent, J. D. (2009): *Viaje extraordinario al centro del cerebro*. Barcelona: Anagrama.

Viché, M. (1991): *Animación, sistema de comunicación*. Valencia: Dissabte.

— (1999): *Una pegadogía de la cultura: la animación sociocultural*. Zaragoza: Certeza.

Von Bertalanffy, L. (1976): *Teoría General de los Sistemas*. Madrid: Fondo de Cultura Económica.

Vopel, K.W. (1995): *Técnicas de interacción o Manual para el animador de grupos*. Madrid: CCS.

Wildemeersch, D. (2012): "Animación y Educación en sociedades complejas: un recorrido por las perspectivas y prácticas psicopedagógicas críticas", en *Actas del Vº Coloquio Internacional de Animación Sociocultural*. Zaragoza: Diputación Provincial de Zaragoza.